전쟁으로
보는
세계사

# 전쟁으로 보는 세계사

© 이광희, 2015

1판1쇄 발행 2015년 11월 1일
1판12쇄 발행 2023년 03월01일

**지은이** 이광희  **펴낸이** 이영남  **펴낸곳** 스마트주니어  **편집** 정내현  **디자인** 김경수
**출판등록** 2013년 5월 16일 (제2013-000150호)
주소 서울시 마포구 상암동 월드컵북로402번지 KGIT빌딩 925D호
전자우편 thinkingdesk@naver.com  **전화** 02-338-4935(편집), 070-4253-4935(영업)  **팩스** 02-3135-1300

**ISBN** 978-89-97943-33-3 (44900)
　　　978-89-97943-12-8 (세트)

중학생을 위한
세계사 교과서

# 전쟁으로
보는
세계사

이광희 지음

스마트주니어

## 근대와 현대 전쟁

## 머리말

제3차 세계대전은 일어날까요? 일어난다면 언제 어디서 시작될까요?

이 암울한 물음에 대해 지구촌 최고 갑부 가운데 한 사람이 얼마 전 주목할 만한 예상을 내놓았습니다. 미국과 중국의 충돌로 제3차 세계대전이 일어날지도 모른다고 말입니다. 또 아주 많은 사람들은 제3차 세계대전은 핵전쟁이 될 가능성이 크다고 전망하고 있습니다.

지금도 아프리카와 중동 지역에서는 내전과 종교 분쟁이 끝이지 않고 있습니다. 그렇다고 그곳이 다음번 세계대전의 진원지로 지목되지는 않습니다. 태풍의 눈처럼 강한 두 세력인 미국과 중국의 이해가 정확히 충돌하는 지점이 아니기 때문입니다.

그렇다고 두 나라가 언제 어떻게 맞붙을 지는 누구도 정확한 예측을 하지 못하고 있습니다. 경제 성장 가도를 달리던 중국이 위기에 직면하면 외부와의 갈등을 만들어 그 위기를 타개하려 할 것입니다. 그때 부딪치는 세력이 일본이 될 가능성이 아주 크지요. 아시아에서 일본과 가장 강력한 군사 동맹을 맺고 있는 미국이 일본을 돕겠다고 나서면 미국과 중국의 충돌은 피할 수 없게 되지 않을까 하고 조심스레 전망하고 있습니다.

이런 예상을 한 사람이 군사 전문가나 전쟁사가가 아니라 세계 최고 갑부라는 점은 시사하는 바가 큽니다. 그 사람만큼 경제 문제에 민감한 사람도 없기 때문입니다. 실제로 지구촌에서 벌어졌던 전쟁의 대부분은 경제 문제에서 비롯되었고, 그것을 명쾌하게 지적한 군인 출신의 전쟁사가도 있습니다.

제2차 세계대전에서 연합군을 이끌고 맹활약한 몽고메리 장군은 왜 전쟁을 하는지에 대한 물음에 다음과 같이 답합니다.

"영토, 민족, 인종, 이념, 국가, 종교, 에너지, 빵, 홍차, 아편, 호전적인 유전자 등 말로 다 할 수 없을 정도로 많은 원인 때문에 전쟁이 일어나지만 가장 근본적인 이유는 경제 문제라 할 수 있다."


『전쟁으로 보는 세계사』는 기원전 6세기 동서양을 대표하는 페르시아 제국과 그리스 도시 국가들 사이의 전쟁인 페르시아 전쟁부터, 그리스의 아테네와 스파르타가 맞붙었던 펠레폰네소스 전쟁, 지중해 패권을 놓고 로마와 카르타고가 충돌했던 포에니 전쟁, 가장 빠른 시간에 가장 넓은 영토를 점령했던 칭기즈 칸의 정복 전쟁, 하느님의 이름으로 이슬람 세력과 싸웠던 십자군 전쟁, 전쟁 역사상 가장 길었던 영국과 프랑스의 백년전쟁, 20세기 세계 역사를 뒤흔들었던 제1·2차 세계대전과 오늘날까지 총성이 끊이질 않는 중동 전쟁까지 모두 20가지 전쟁을 다루고 있습니다.

2천년 동안 지구촌 곳곳에서 벌어진 전쟁이 어디 20가지뿐일까요? 열 배, 백 배도 넘는 전쟁이 지구 곳곳에서 일어났겠죠. 그럼에도 이 책에서 20가지 전쟁을 엄선한 까닭은 세계 역사의 흐름을 바꾸어 놓을 만한 국제적인 충돌이었거나 오늘날 역사에도 영향을 미치고 있는 대사건들이기 때문입니다. 그렇다 하더라도 아시아 아프리카 남미 등 이른바 제3세계에서 일어났던 전쟁을 좀더 다루지 못한 것은 저의 짧은 지식 때문이기도 하고, 중학생에게 꼭 알리고 싶은 전쟁을 꼽다 보니 그렇게 된 측면도 있습니다.

이 책을 쓰는 내내 전쟁은 왜 일어났는가 하는 물음을 머릿속에 담아 두었습니다. 전쟁이 일어난 원인은 전쟁이 일어난 수만큼 다양합니다. 그러나 몽고메리 장군이 분석한 것처럼 경제 문제가 가장 크고 중요한 원인입니다. 이 책을 읽다 보면 여러분도 그 점을 어렵지 않게 파악할 수 있으리라 생각합니다.

또 하나 염두에 둔 것은 전쟁의 결과입니다. 십자군 전쟁 이후 유럽과 중동의 세계는 어떻게 달라졌는지, 그리고 나폴레옹 전쟁이 가져다 준 결과가 무엇인지 하는 것들입니다. 그리고 거기서 한 발 더 나아가 당시 전쟁을 벌였던 나라들이 오늘날 어떤 모습을 하고 있는지 살펴보았습니다. 가령, 페르시아 전쟁의 주체였던 이란은 2천 년 동안 어떤 과정을 거쳐 오늘날 중동의 강국으로 다시 자리를 잡았는지, 서구 문명의 발원지였던 그리스는 오늘날 어쩌다 유럽의 골칫거리가 됐는지 하는 문제까지 정보 페이지에서 다루었습니다.

세계사의 흐름을 바꾸어 놓은 큰 전쟁들을 살펴본다고 다가올 3차 대전을 정확히 예측할 수 있을까요? 그렇지는 않겠지요. 3차 대전이 일어나지 않을 수도 있고, 많은 사람이 예상하는 것처럼 미국과 중국이 주체가 되지 않을 수도 있으니까요. 그러나 불길하지만 왠지 그럴듯한 예언 하나가 있습니다. 원자 폭탄을 개발한 아인슈타인의 경고입니다.

"제3차 세계대전에는 어떤 무기로 싸울지 알 수 없지만 제4차 세계대전에는 몽둥이와 돌을 들고 싸울 것이다."

아인슈타인이 말하려는 건 제4차 세계대전 이야기가 아니라 제 3차 세계대전이 일어난다면 그땐 핵전쟁으로 모든 것이 파괴되고 말 것이라는 경고일 겁니다.

　아인슈타인의 예언이 틀렸으면 좋겠습니다. 제3차 세계대전 따위는 일어나지 않았으면 좋겠습니다. 전쟁이 일어나지 않기를 바라면서도 전쟁 이야기를 책으로까지 묶어 내는 까닭은, 전쟁이 일어난 원인을 살펴보다 보면 그것을 피할 수 있는 방법도 찾을 수 있지 않을까 하는 바람 때문입니다.


2015년 가을 이광희

# 페르시아 전쟁

### 동서양 챔피언 결정전

오늘날 지구촌 2대 강국을 꼽으라면 어느 나라를 꼽을 수 있을까? 단연 중국과 미국이다. 두 나라는 군사력과 경제력 면에서 동양과 서양을 대표하는 강국이다. 2500년 전 지구촌 상황은 어떠했을까? 당시는 도시 국가들이 연합한 그리스와 서아시아의 페르시아 제국이 오늘날의 미국과 중국 같은 나라였다.

기원전 6세기 그리스는 크고 작은 도시 국가들로 이루어진 나라였다. 이 도시 국가들을 폴리스라고 부르는데, 폴리스를 대표하는 두 나라가 아테네와 스파르타였다. 그리스의 폴리스들은 평상시에는 각자 알아서 평화롭게 생활하다가 막강한 외적이 침입하면 힘을 하나로 합쳐 외적에 맞섰다. 폴리스들이 맞이한 첫 번째 외적은 동양의 최강자 페르시아 제국이었다.

:: 중국과 미국의 정상

페르시아라는 이름은 이란 남서부 지역인 파르스에서 유래했는데, 고대 그리스 사람들은 그 지역에 사는 사람들을 페르시아 인이라고 불렀다. 그 페르시아 제국이 기원전 490년 에게 해를 건너 그리스를 침입했다.

서아시아와 이집트에 이르는 대제국을 건설한 페르시아의 다리우스 왕은 스스로를 왕 중 왕이라 여기며 진정한 세계의 주인이 되고자 했다. 그렇게 하기 위해서는 에게 해 건너편에 있는 그리스를 정복해야만 했다. 다리우스 왕은 그리스를 정복하기 위해 기원전 490년 대대적인 그리스 침공에 나섰다. 페르시아의 공격으로 시작된 이 전쟁을 페르시아 전쟁이라고 부른다.

:: 페르시아 전쟁

페르시아 전쟁은 왜 일어났을까? 왕 중 왕 다리우스는 왜 그리스 정복에 나섰을까? 거기에는 그럴 만한 사연이 있다. 페르시아는 대제국을 건설하는 과정에서 소아시아를 정복했다. 그 과정에서 이오니아 지역의 도시 국가들을 식민지로 삼았다. 그런데 그리스계 이오니아 인들이 페르시아 지배에 반발해 반란을 일으켰다 <sub>기원</sub>전 499년.

이때 아테네가 이오니아 인을 지원하기 위해 함대를 파견했다. 화가 난 페르시아의 다리우스 왕은 이오니아 인의 반란을 진압한 뒤 다시는 반란을 일으키지 못하도록 아테네와 그리스 본토까지 정복하기로 마음먹었다. 이런 연유로 페르시아 제국이 그리스 원정에 나선 것이다. 이 전쟁이 바로 동서양 강국이 최초로 맞붙은 페르시아 전쟁이다.

소아시아
오늘날 아시아 대륙에 속한 터키 지역

:: 아테네

##  아테네, 마라톤 전투에서 페르시아 군 격파

페르시아 전쟁은 당시 병력 규모나 국력으로 볼 때 그리스가 동방의 맹주 페르시아 제국에 게임이 되지 않았다. 하지만 힘만 세다고 전쟁에서 이기는 것은 아닌 모양이다. 페르시아는 모두 네 차례 그리스를 침공했는데 첫 번째 원정은 기원전 492년에 시작되었다. 1차 침공은 페르시아 함대가 파도에 부서지는 바람에 실패했다.

2년 뒤 다리우스 왕은 두 번째 그리스 침공에 나섰다. 보병 2만 5000명과 기병 1만 명, 그리고 600척의 함대를 거느린 대군이었다. 페르시아 군대는 에게 해를 무사히 건너 일주일 만에 그리스 북부를 점령하고 목표 지점인 아테네를 향해 진군했다.

페르시아가 쳐들어온다는 소식을 들은 아테네 시민들은 폴리스의 중앙 광장인 아고라에 모여 대책을 논의했다. "제우스에게 승리의 여신 니케를 빌려 달라고 청해 봅시다.", "아랫마을 스파르타에 도움을 청합시다."

여러 의견이 있었지만 그들은 멀리 있는 신보다 가까운 이웃인 스파르타에 도움을 청하기로 했다. 아테네와 스파르타는 평소 경쟁 관계에 있었지만 외적이 침입해 오면 힘을 합치는 전통이 있었다. 하지만 스파르타는 종교 행사가 끝나면 병력을 보내겠다고 답

맹주
동맹을 맺은 단체의
중심

:: 페르시아 아케메네스 왕조의 근위병

하고는 지원병을 보내지 않았다. 아테네는 다시 한 번 낙담했다. 강적 페르시아 제국의 군대를 홀로 물리쳐야 할 상황에 처했기 때문이다.

위기 상황에서 명장 밀티아데스가 나섰다. 그는 1만 명의 그리스군을 이끌고 마라톤 평원으로 달려갔다. 페르시아 군대도 흙먼지를 일으키며 마라톤 평원에 모습을 드러냈다.

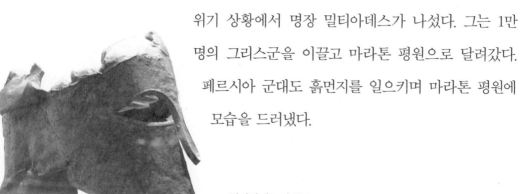

:: 밀티아데스의 투구

지도 내 텍스트:

마케도니아

테르마

에게 해

일리온
(트로이아)

페르가몬

테살리아

테르모필레 전투
B.C. 480

마라톤 전투
B.C. 490

사르디스

델피  테바이

페르시아 제국

코린토스

아테네

올림피아

스파르타

살라미스 해전
B.C. 480

페르시아군의 침입로
→ 1차(기원전 492년)
→ 2차(기원전 490년)
→ 3차(기원전 480년)
□ 그리스와 그 동맹국
■ 페르시아의 동맹국
□ 페르시아의 영토
□ 중립국

**페르시아 전쟁**

## 🏇 그리스 창과 페르시아 활의 대결

그리스군은 시민들로 구성된 중무장 보병 위주였다. 중무장 보병은 가볍고 질긴 가죽으로 만든 갑옷을 입고 왼팔에는 화살을 막을 방패를 끼우고 오른손에는 적을 공격할 긴 창을 들었다. 페르시아 군은 활 쏘는 궁수와 기병이 주축을 이루었다.

중무장 보병인 그리스군은 밀집 대형을 갖추고 페르시아 군대를

기병
말을 타고 싸우는 병사

맞았다. 밀집 대형은 말 그대로 벌집 모양으로 단단하고 촘촘하게 대형을 갖춘 것은 말한다. 페르시아 병사들은 그리스 병사들이 마치 거북 등짝처럼 밀착해 긴 창을 곧추세우고 발을 맞춰 전진하는 모습을 신기해 했다. 그리스 군대는 비 오듯 쏟아지는 화살을 막으며 페르시아 군대를 향해 진격했다. 이 전투에서 예상과 달리 수적으로 열세였던 그리스군이 페르시아 대군을 무찔렀다.

이때 마라톤 전투의 승전보를 전하기 위해 마라톤 평원에서부터 아테네까지 40여 킬로미터를 달려간 병사가 있었다. 죽을힘을 다해 달려간 병사는 아테네 시민에게 "우리가 승리했다."는 말을 전하고 탈진해 숨졌다고 한다. 그 병사는 왜 그토록 사력을 다해 달렸던 것일까? 마라톤 전투에서 패했다면 모를까 이겼으니 페르시아군이 물러갈 텐데 말이다.

이유가 있었다. 마라톤 전투에서 패한 페르시아군은 함선으로 돌아가 배를 타고 아테네로 쳐들어갈 계획이었다고 한다. 그래서 병사는 승전 소식과 함께 페르시아군의 침략 계획을 전한 것이다. 그 병사 덕분에 아테네에 남아 있던 그리스군은 아테네 방어에 들어갔고, 마라톤 평원에 있던 아테네 병사들은 페르시아군을 해상에서 꽁꽁 묶어 페르시아군이 자기 나라로 돌아가게 만들었다.

:: 밀티아데스의 죽음

:: 마라톤 전투

## 🏇 아테네의 운명이 걸린 테르모필라이 전투

마라톤 전투에서 패한 페르시아는 위신이 크게 떨어졌다. 다리우스의 뒤를 이은 크세르크세스 왕은 떨어진 위신을 일으켜 세우기 위해 10년 뒤인 기원전 480년에 그리스를 다시 침입했다.

병력 규모는 지난번 원정 때보다 훨씬 컸다. 헤로도토스가 쓴 『역사』에는 1백만 명이라고 기록돼 있는데, 적어도 20만 명은 될 것이라고 오늘날 역사가들은 추정한다. 그리스의 도시 국가들은 다시 한 번 비상이 걸렸다. 하

:: 스파르타 왕 레오니다스 동상

:: 레오니다스

지만 이번에는 다행히 스파르타가 군대를 이끌고 전투에 참여했다. 스파르타 왕 레오니다스는 4000여 병력을 이끌고 아테네 북쪽 테르모필라이로 달려갔다. 같은 폴리스지만 해상 전에 강한 아테네와는 달리 스파르타는 육군이 강했다. 게다가 스파르타 병사들은 전투에서 물러서지 않는 것을 긍지로 여겼고, 전장에서 전사하는 것을 자랑으로 알았다. 이러한 자부심이 10배가 넘는 페르시아 군대를 맞아 싸우는 데 큰 힘이 되었다.

페르시아 군대는 10년 전 패배를 설욕하려는 듯 총공세에 나섰다. 페르시아 병사들이 화살을 빗줄기처럼 쏘아 대는 바람에 화살이 태양을 가릴 정도였지만, 용맹한 스파르타 병사들은 "거 잘됐군. 그늘에서 싸우게 됐으니."라며 가볍게 받아넘겼다.

후퇴를 금지하는 스파르타 법에 따라 스파르타군은 페르시아군의 공격을 잘 막아 냈다. 세 차례에 걸친 공격이 모두 실패하자 페르시아군은 고민에 빠졌다. 그때 그리스 인 배신자가 페르시아군을 스파르타 군대 뒤쪽으로 안내했다. 페르시아군은 밤을 틈타 스파르타군 배후로 쳐들어갔다. 스파르타 왕 레오니다스는 어려운 결정을 내려야 했다. 그는 테르모필라이에서 항전할 결심을 굳혔다. 날이 밝자 그는 병사들에게 말했다.

"자, 아침을 많이 먹어 두어라. 저녁상은 저승에서 받게 될 테니."

남은 병력은 스파르타군 300명. 레오니다스는 300명을 테르모필라이 협곡에 배치했다. 그리고 전설이 된 싸움을 시작했다. 온몸을 던져 협곡을 사수하던 스파르타 병사들은 당연히 전멸했다. 스파르타 병사들이 수십 배에 달하는 페르시아군을 막은 덕분에 아테네 시민들은 도시를 비우고 피난 갈 시간을 벌었다. 테르모필라이를 돌파한 페르시아군은 곧이어 아테네를 함락시켰다.

## 영화로 부활한 스파르타 병사

테르모필라이에서 장렬하게 전사한 스파르타 병사의 이야기는 여러 차례 영화로 만들어졌다. 그 가운데 2007년 개봉한 〈300〉은 압권이다. 화려한 전투 장면과 식스팩 근육으로 무장한 스파르타 전사들이 풍성한 볼거리를 제공한다. 하지만 이 영화는 장렬하게 전사한 스파르타 병사를 부활시키는 데는 성공했지만 역사를 제대로 담아내는 데는 실패했다. 영화에서처럼 페르시아 왕은 흑인도 아니고, 더구나 페르시아가 그렇게 야만적이고 억압적인 제국이 아니었다는 건 잘 알려진 사실이다. 바빌로니아를 정복한 키루스 왕은 노예로 잡혀 와 있던 유대 인들을 해방시켰으며 제국에 속한 여러 민족의 문화와 종교를 인정해 주었다. 당시 페르시아 제국은 영화 속에 담긴 모습과는 너무나 달랐다.

## 그리스 함대, 살라미스에서 페르시아 함대 격파

테르모필라이에서 스파르타 결사대가 페르시아 대군을 막고 있을 때 아테네에서는 아테네를 사수할 것인가, 아니면 적의 수중에 넘겨줄 것인가를 놓고 격한 토론이 벌어졌다. 아테네 시민들은 사수하자고 주장했다. 하지만 아테네의 지도자 테미스토클레스는 그런 시민들을 설득해 아테네에서 철수시켰다. 테미스토클레스는 아테네 시민들을 아테네 부근 살라미스 섬으로 피신시키고 함대를 살라미스 앞바다로 파견했다.

:: 살라미스 전투에서 승리한 그리스 함대

테미스토클레스는 페르시아 함대를 살라미스 섬과 육지 사이의 좁은 해로로 유인해 싸울 생각이었다. 그리스 함대가 370여 척, 페르시아 함대가 약 1000척으로 수적으로 상대가 안 됐지만 좁은 해로에서라면 적은 수로도 적을 상대할 수 있다고 판단했다.

그리스 함대는 먼 바다에 있던 페르시아 함대를 살라미스 섬 쪽으로 유인하는 데 성공했다. 페르시아 함대 수백 척이 좁은 해로로 몰려오자 그리스 전함은 충각으로 페르시아 함선을 격파하기 시작했다. 페르시아 함선에서 떨어져 나온 널빤지와 물에 빠진 페르시아 병사들이 살라미스 해협을 가득 메웠다. 언덕 위에서 전투 상황을 지켜보던 크세르크세스 왕은 철수 명령을 내렸다.

**충각**
군함의 뱃머리에 뾰족하게 돌출된 부분으로 적함에 충돌해 배를 파괴하는 장치 그리스 함대가 페르시아 함대를 물리친 이 전투를 살라미스 해전이라 부른다.

## 세계 4대 해전

기원전 480년 그리스 함대가 페르시아 함대를 격파한 살라미스 해전을 포함해 칼레 해전, 트라팔가 해전, 한산 해전을 세계 4대 해전이라고 부른다. 칼레 해전은 1588년 영국 함대와 에스파냐 무적함대가 맞붙은 해전이다. 이 해전에서 승리한 영국은 강력한 해상 강국으로 부상했다. 넬슨 제독이 활약한 트라팔가 해전은 영국이 프랑스의 나폴레옹 함대를 격파한 해전이다. 이 해전에서 패한 나폴레옹은 몰락의 길을 걸었다. 한산 해전은 임진왜란 때인 1592년 이순신 장군이 이끄는 조선 수군이 일본 수군을 무찌른 해전이다. 한산 해전에서 승리한 조선은 서해를 통해 북상하려는 일본군의 수륙 병진 작전을 좌절시켰으며 전세를 뒤집는 성과를 이뤘다.

##  동서양 대결의 최후 승자 그리스

크세르크세스 페르시아 왕은 철수하면서 일부 병력을 남겨 다시 한 번 그리스를 공략했다. 하지만 페르시아 군대는 플라타이아이 전투에서 그리스군에 패했다. 이로써 기원전 490년과 480년에 벌어진 페르시아 전쟁이 막을 내렸다. 동양의 강자 페르시아의 침입을 막아 낸 이후 그리스는 15세기가 될 때까지 아시아로부터

:: 알렉산드로스 대왕

침략을 받지 않았다.

　페르시아 전쟁은 흔히 서양 역사의 아버지라 불리는 헤로도토스의 입장에 의지해 '서구의 자유 세력과 동양의 야만 세력이 충돌한 전쟁'으로 묘사되지만 실은 지중해를 둘러싼 페르시아 제국과 그리스 도시 국가 연합의 패권 전쟁이라 할 수 있다. 이 전쟁에서 그리스가 승리해 서구는 알렉산드로스 대왕의 마케도니아와 로마 제국으로 이어지는 번영을 누릴 수 있었다.

　강적 페르시아 대군을 물리친 그리스에서는 이성을 중시하는 그리스 문명이 화려하게 피어났다. 그와 동시에 힘을 합쳐 페르시아를 물리쳤던 그리스의 두 맹주 아테네와 스파르타 사이에 갈등의 싹이 피어나기 시작했다. 달라도 너무 달랐던 두 폴리스는 고만고만한 폴리스들을 자기편으로 끌어들인 뒤 그리스의 패권을 놓고 크게 한 판 붙었다. 그것이 바로 아테네와 스파르타의 싸움인 펠로폰네소스 전쟁이다.

# 페르시아 제국 흥망사

페르시아란 이란의 옛 왕국을 일컫는 말이다. 페르시아는 기원전 6세기에 이란 고원에 제국을 건설한 이래 2500년 동안 흥망성쇠를 이어 왔다. 고조선에서 출발한 우리 역사가 고구려, 백제, 신라의 삼국 시대를 거쳐 통일 신라, 고려, 조선을 거쳐 오늘날 대한민국이 된 것과 비슷하다. 2500년 동안 페르시아 왕국은 때로는 대제국을 영위하고, 때로는 이민족의 침입을 받고, 때로는 크고 작은 왕국이 분열하는 시기를 이어 왔다. 그러다가 1935년 이란으로 국호를 변경하고 오늘날에 이른다.

세계 역사에 페르시아의 이름을 처음 알린 건 아케메네스 왕조다. 오늘날의 이라크 땅인 바빌로니아 제국을 멸망시킨 크루스 왕은 인류 최초로 인권 선언을 발표하고 종교의 자유와 노예제 금지를 선포한다. 이후 다리우스 왕은 인더스 강에서 유럽까지 영토를 넓혀 인류 최초의 대제국을 건설한다. 그와 그의 아들 크세르크세스 왕은 당시 서구의 강국인 그리스를 침입하는 페르시아 전쟁을 일으킨다.

기원전 4세기 페르시아 제국은 알렉산드로스에게 점령당한다. 알렉산드로스는 페르시아 제국의 계승자임을 천명하고 다리우스 3세의 딸과 결혼하는 등 그리스 문화와 동방 문화를 융합하고자 노력한다. 알렉산드로스 세력이 약해진 이후 페르시아는 파르티아 왕조를 거쳐 사산조 페르시아로 이어진다.

사산조 페르시아 왕국은 650년 이슬람 세력의 침입을 받아 멸망한다. 이때부터 페르시아는 약 1000년 동안 아랍족, 셀주크튀르크, 몽골 제국 등 여러 이민족의 지배를 받으며 힘겹게 왕국을 이어 간다.

페르시아는 1500년 아랍족 침입 이후 1000년 만에 이민족의 지배에서 벗어난다. 하지만 오스만튀르크의 침입을 받아 힘겹게 왕국을 이어 오다가 19세기 들어 러시아와 영국 등 새로운 제국주의 세력에 의해 반식민지 상태로 전락한다. 페르시아의 마지막

:: 페르시아 유적

왕조인 팔레비 왕조는 1935년 국호를 이란으로 변경한다.

팔레비 왕조는 1979년 호메이니가 주축이 되어 일으킨 이란 혁명으로 붕괴된다. 이후 이란은 이슬람 공화국을 선포한다. 오늘날 이란은 중동 지역에서 미국과 상대할 수 있는 거의 유일한 국가로 인식된다. 이란은 핵무기 개발에 열을 올려서 미국을 긴장하게 만들어 왔는데, 2015년 이란은 미국과 협상을 통해 핵무기 개발을 포기하기로 결정했다. 그 대가로 이란이 얻는 것은 경제 제재 해제. 이란과 미국의 핵협상 타결로 2500여 년 전 페르시아 전쟁 같은 동서양 대결은 피할 수 있게 되었다.

# 펠로폰네소스 전쟁

### 아테네와 스파르타의 충돌

**아크로폴리스**
그리스 도시 국가의 중심지에 있는 언덕으로 각 도시의 수호신 등을 모시는 신전이 세워져 도시 국가의 신앙의 중심지가 되었다.

힘을 합쳐 페르시아를 물리친 아테네와 스파르타는 50년 뒤 서로 충돌한다. 기원전 5세기 두 나라가 벌인 이 전쟁을 펠로폰네소스 전쟁이라고 부른다. 한때 동지였던 두 나라는 왜 전쟁을 벌인 것일까? 페르시아 전쟁 이후 두 나라 사이에 도대체 무슨 일이 일어난 것일까?

페르시아 전쟁이 끝난 그리스에 평화가 찾아왔다. 그리스 연합국의 지도 국가였던 아테네에서는 장군이자 정치 지도자인 페리클레스의 주도로 민주 정치라는 꽃이 활짝 피어났다. 아테네 철학 강의실에서는 소크라테스와 그의 제자들이 진리란 무엇인가를 놓고 열띤 토론을 벌였고, 헤로도토스는 페르시아 전쟁을 다룬 『역사』를 써 냈다.

아테네의 아크로폴리스 언덕에서는 건축가 익티노스와 칼리크라테스가 파르테논 신전을 짓느라 굵은 땀방울

:: 페리클레스

을 흘렸고, 근처 조각장에서는 조각가들이 아테나 여신상을 신전 개막식에 맞춰 완성하느라 여념이 없었다. 아테네는 이렇듯 페르시아 전쟁에서 승리한 뒤 정치와 경제, 문화에서 단연 폴리스의 지존으로 자리를 굳혔다. 그리고 에게 해 건너편 소아시아 주변 도시 국가들을 규합해 그리스 제국으로 발돋움하기 위해 노력했다. 그러나 한쪽 세력이 커지면 견제하려

:: 헤로도토스

:: 아테네의 전성기

는 세력이 나타나기 마련이다. 민주 정치니, 문화니 하며 그리스의 맹주로 떠오르는 아테네를 곱지 않은 시선으로 바라보는 폴리스가 있었으니, 바로 군사 강국 스파르타였다.

## 아테네의 민주 정치

아테네가 남긴 문화유산 가운데 단연 최고는 민주주의 정치 제도다. 2500년 전 아테네 사람들은 직접 민주주의 제도로 국가를 운영했다. 기원전 6세기 아테네의 지도자 클레이스테네스는 부족을 10개로 나누고 부족 당 50명을 제비뽑기로 뽑아 오늘날 국회의원에 해당하는 500인 평의회를 구성했다. 모든 관직도 실제적 경험이나 직업적 전문 기술을 필요로 하지 않는 이상 추첨으로 선출했다. 이것이 아테네 민주 정치의 핵심이다. 특이한 점은 클레이스테네스 이후 아테네 시민들은 매년 독재가가 될 가능성이 있는 사람의 이름을 도자기 파편에 적어 6000개 이상이 나오면 10년 동안 외국으로 추방하는 도편 추방제를 실시했다는 사실이다. 여자와 노예와 외국인을 제외한 아테네 성인 남자들은 이런 방식으로 직접 민주주의를 실현했다. 아테네의 직접 민주주의와 오늘날 간접 민주주의의 다른 점은 시민들이 직접 정치에 참여하느냐 아니면 국회의원과 대통령이라는 대리인을 선거로 뽑아 정치를 하게 하느냐의 차이에 있다. 시민이 직접 정치에 참여하는 아테네의 민주주의 제도는 우매한 대중이 정치를 좌지우지할 수 있는 중우정치로 갈 가능성이 있지만, 독재자를 확실히 걸러 낼 수 있고, 부패하고 무능한 국회의원을 두고 보지 않아도 된다는 장점이 있다.

클레이스테네스

## 🐎 델로스 동맹 Vs. 펠로폰네소스 동맹

페르시아 전쟁을 승리로 이끈 일등 공신은 누가 뭐래도 아테네였다. 여기에는 이견이 있을 수 없다. 하지만 스파르타의 역할도 무시할 수 없다. 스파르타 군대가 지칠 줄 모르는 체력과 용기, 그리고 결사항전의 자세로 페르시아 군대와 맞서지 않았다면 그리스의 승리도, 승리 이후의 평화도 얻기 어려웠을 것이다.

그런데 아테네는 전쟁이 끝나고 난 뒤 마치 자기네 힘만으로 페르시아 군대를 무찌른 것처럼 행동했다. 아테네는 페르시아가 다시 쳐들어올지도 모른다며 폴리스들을 규합해 델로스 동맹을 맺었다. 이 동맹에 따라 델로스 섬에 군대의 공동 자금 창고를 설치하고 그 열쇠를 자기들이 관리했다. 그러고는 금고를 아예 아테네로 옮기고 다른 폴리스들에게 평화 유지비를 바치라고 요구했다. 일종의 공물을 요구한 것이다.

아테네는 이렇게 거둬들인 자금을 함대를 만드는 등 제국주의로 탈바꿈하는 데 사용했다. 아테네의 이런 팽창 움직임이 펠로폰네소스 반도에 자리 잡은 스파르타를 자극했다. 스파르타는 아테네가 그리스의 주도권을 독차지할까 봐 불안했다. 이런 이유로 스파르타는 전부터 이끌어 온 스파르타 중심의 펠로폰네소스 동맹을 재정비하기 시작했다. 이렇게 되자 델로스 동맹을 주도하는 아테네

:: 펠로폰네소스 전쟁

와 펠로폰네소스 동맹을 주도하는 스파르타 사이에는 충돌의 기
운이 감돌았다. 문제는 언제, 무슨 구실로 한 판 붙을 것인가 하
는 것.

사건은 코린토스와 케르키라 섬 사이에서 터졌다. 케르키라 섬
은 코린토스 폴리스의 식민지였다. 당연히 두 도시 국가 사이가
좋을 리 없었다. 그러던 어느 날 두 도시가 티격태격할 때 아테네가
케르키라 섬을 지원하고 나섰다.

그러자 스파르타와 동맹을 맺고 있던 코린토스가 스파르타에

도움을 요청했다. 아테네의 세력 팽창을 불안한 눈길로 바라보고 있던 스파르타는 이 일을 계기로 아테네와 전쟁을 벌이기로 마음먹었다. 이 소식을 들은 아테네는 맞불 작전으로 나왔다. 정치, 경제, 문화 모든 면에서, 그리고 무엇보다 해군력에서 스파르타에 앞서 있다고 판단한 아테네는 이참에 진정한 그리스의 패자가 되어야겠다고 생각했다.

이렇게 하여 페르시아 전쟁 종전 50년 뒤인 기원전 431년 아테네와 스파르타의 전쟁이 시작되었다. 전쟁 시작과 함께 델로스와 펠로폰네소스 동맹국들이 각각 아테네와 스파르타 편에 붙어 전쟁에 참여했다. 마치 20세기 초 벌어진 제1차 세계대전에서 영국, 프랑스, 러시아의 협상국과 독일, 오스트리아, 이탈리아의 동맹국이 서로 짝을 이뤄 세계대전에 뛰어든 것처럼.

고대 그리스 동맹국 간의 대결 결과는 어떠했을까? 자유와 민주주의, 해군력이 강한 아테네 연합국이 승리했을까? 아니면 불굴의 용기를 미덕으로 하는 육상 강국 스파르타와 그 동맹국이 승리했을까? 결과에 앞서 아테네와 스파르타는 도대체 무엇이 얼마나 다르기에 이토록 철저하게 대립하게 되었는지 그 연유를 따져 보자.

## 🐎 자유로운 아테네와 군대 같은 스파르타

같은 그리스에 살고 있지만 아테네와 스파르타는 인종부터 달랐다. 아테네 인은 이오니아 그리스 인으로 자기들이 그리스의 토박이라고 생각했다. 반면 스파르타 인들은 도리아 계 그리스 인으로, 그리스 원주민들을 노예로 삼았다. 인종뿐 아니라 사회 구성 체계도 달랐다. 아테네는 다수의 시민과 소수의 지배 계급이 공존하는 시민 사회인 반면 스파르타는 소수의 지배 계급이 다수의 노예를 지배하는 사회였다.

아테네는 민주주의의 고향이다. 여성과 노예와 외국인에게 참정권이 주어지지 않은 한계가 있으나, 아테네 시민은 아고라 광장에 모여 토론하고 투표하고 누구나 제비뽑기에 의해 시민 대표로 뽑혀 정치에 참여할 수 있었다.

스파르타는 토론보다는 명령을, 자율보다는 규율을 강조하는 사회였다. 스파르타 인은 태어날 때부터 60세까지 거의 평생에 걸친 군사 교육을 받았다. 그런 교육을 통해 극기력과 경쟁심과 복종을 익히고 싸움에서 물러나지 않는 최강 전사로 길러졌다.

기원전 431년부터 404년까지 아테네와 스파르타 사이에 전쟁이 이어졌다. 아테네를 이끄는 페리클레스는 오히려 잘됐다 싶었다. 이 기회에 힘만 믿고 까부는 스파르타를 제압해 온전하게 그리스를 지배하면 되겠다 생각했기 때문이다. 아테네는 나름 믿는 구석이 있었다. 경제력도 앞서고 동맹국의 규모도 더 컸고, 무엇보다 아테네에는 스파르타에 없는 함대가 있었다.

펠로폰네소스 전쟁 1차전은 스파르타가 아테네를 침공하면서 시작됐다. 아테네의 지도자 페리클레스는 도시의 성벽 안에 숨어서 스파르타 군을 맞는 대신 함대를 보내 스파르타를 공격했다. 이 작전으로 2년 가까이 전세를 유리하게 끌고 가던 아테네는 예기치 않은 재앙으로 치명상을 입었다. 그 재앙이란 바로 페스트이다. 아테네에 페스트 전염병이 돌자 많은 사람이 죽고 페리클레스도 죽었다. 군사령관에 무려 열네 번이나 뽑힐 정도로 훌륭한 지도자가 죽고 페스트가 창궐하자 아테네는 스파르타와 전격 휴전을 했다.

## 서양 문화의 밑바탕이 된 그리스 문화

고대 그리스 문화는 오늘날 서양 문화의 밑바탕이 되었다. 신화에서부터 철학, 문학, 미술, 건축, 조각 등으로 문화의 범위도 매우 다양하다. 이 가운데 조화와 균형을 중시하는 건축과 이를 장식하는 조각이 특히 발달했다. 아테네의 파르테논 신전과 아테나 여신상이 건축과 조각을 대표하는 작품. 아테네가 중심이 된 고대 그리스의 문화 양식은 알렉산드로스의 헬레니즘 시대와 로마 제국주의 시대를 거쳐 오늘날까지 이어지고 있다.

## 🐎 알키비아데스의 배신과 그 결과

휴전도 잠시, 기원전 415년 두 나라는 다시 전쟁을 시작했다. 아테네가 스파르타의 물자 보급 기지인 시칠리아 섬을 손에 넣기 위해 2백 척의 함대를 이끌고 원정에 나섰다. 아테네 군대를 이끈 지도자는 알키비아데스였다. 그런데 아테네에서 알키비아데스를 시기하는 사람들이 그를 비난하고 나섰다. 이에 화가 난 알키비아데스는 아테네를 배신하고 스파르타로 가서 아테네의 공격 전략을 모두 일러바쳤다. 그러자 스파르타는 아테네의 공격에 발 빠르게 대응할 수 있었고, 이 때문에 아테네는 시칠리아 원정에 실패하고 말았다.

이번에는 스파르타가 공격을 시작했다. 스파르타는 그리스 전체의 적이었던 페르시아로부터 군사 지원을 받아 함대를 조성하고 아테네의 보급로인 흑해 방면을 차단하기 위해 출정했다. 스파르타의 작전은 주요했다. 스파르타는 기원전 405년 아이고스포타미 해전에서 아테네군을 무찌르고 마침내 펠로폰네소스 전쟁에 마침표를 찍었다.

전쟁이 끝나고 아테네와 스파르타는 평화 조약을 맺었다. 이 조약은 평화롭기는 하나 당연히 공평하지는 않았다. 전쟁에 패한 아테네는 조약에 따라 도시를 둘러싼 성벽을 파괴해야만 했고,

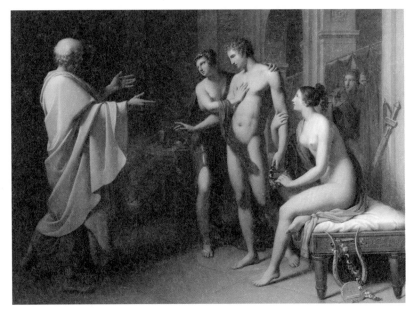

:: 소크라테스(왼쪽)와 알키비아데스

:: 죽임을 당하는 알키비아데스

막강한 아테네 함대를 스파르타에 넘겨주어야만 했다. 이로써 그리스와 지중해의 패권은 아테네에서 스파르타로 넘어갔다.

하지만 거기서 끝이 아니었다. 전쟁이 끝난 뒤 스파르타는 펠로폰네소스 동맹국이었던 테바이테베는 테바이의 영어식 표현이다와의 전쟁에 패해 그리스의 패권을 잃었다. 테바이가 패권을 차지한 이후 그리스 내에선 크고 작은 폴리스들 사이의 내분이 이어졌다. 그 무렵 그리스 북쪽에 있는 마케도니아는 그리스 북쪽 지역을 차례로 통합하고 남쪽에 있는 테바이마저 격퇴한 뒤 그리스 전체를 손에 넣었다.

:: 테바이와 마케도니아의 전쟁

아테네는 펠로폰네소스 전쟁에서 스파르타에 패해 제국으로 성장하지 못했고, 민주 정치의 꽃을 피웠던 아테네 문명도 막을 내렸다. 그렇다고 찬란했던 그리스 문명이 모두 사라진 건 아니었다. 새로운 지배자인 알렉산드로스알렉산더는 알렉산드로스의 영어식 표현에 의해 그리스 문명과 동방의 문화가 결합한 헬레니즘 문화로 이어졌기 때문이다.

:: 테바이의 신전(위)과 유적지

## 테바이군의 승리, 레욱트라 전투

펠로폰네소스 전쟁에서 승리한 스파르타는 그리스의 지배자가 되었다. 스파르타와 동맹국이었던 테바이는 스파르타-아테네 연합에 합류하길 거부하고 그들을 상대로 싸웠다. 기원전 371년 테바이군과 스파르타-아테네 연합군이 맞붙은 전투가 레욱트라 전투다. 이 전투에서 승리한 테바이군은 몇 년 간 그리스 정치를 좌지우지했지만 북쪽에서 내려온 마케도니아 군대에 그리스 패권을 넘겨주게 된다.

# 그리스, 서양 문명의 젖줄에서 유럽의 고민거리로

2500년 전 아테네 시민들이 모여 민주주의와 철학을 논하던 아고라 광장에서 빵과 우유를 구걸하는 사람이 많다는 신문 기사가 심심치 않게 보도되고 있다. 오늘날 그리스는 국가 경제가 파산해 유럽 연합(EU)의 고민거리가 됐다. 2500년 세월이 흐르는 동안 그리스에서는 무슨 일이 벌어진 것일까?

페르시아 전쟁에서 승리한 그리스 아테네는 민주주의 바탕 위에서 찬란한 문명을 꽃 피웠다. 하지만 아테네의 영광은 오래가지 못했다. 펠로폰네소스 전쟁에 패한 뒤 그리스의 주도권은 스파르타에게 넘어갔고, 기원전 3세기에는 마케도니아에서 내려온 위대한 정복자에게 점령당했다. 정복자 알렉산드로스는 그리스를 손에 넣은 뒤 동쪽으로 정복을 계속하면서 그리스 문화와 동방 문화를 결합한 헬레니즘 문명을 세계에 전파했다. 알렉산드로스 이후 그리스는 로마 제국의 영토에 편입되었다. 이어 동로마와 서로마로 분열된 이후에는 동로마 제국의 영향 아래 있었다.

동로마 제국은 1000년 동안 지속되었다. 하지만 1453년 오스만 제국(오스만튀르크)에게 콘스탄티노폴리스(콘스탄티노플은 콘스탄티노폴리스의 영어식 표현)가 함락당하면서 동로마 제국은 멸망했다. 이때부터 그리스는 오스만 제국의 지배를 받게 되었다. 이 기간 그리스의 역사는 세계사에서 존재가 없었다.

:: 빵과 우유를 구걸하는 그리스 시민

1821년부터 그리스는 오스만 제국에 맞서 독립 전쟁을 벌였다. 그 결과 그리스는 독립 국가로 인정받았다. 독립 당시 그리스 영토는 아테네 일대와 스파르타가 있는 펠로폰네소스 반도에 국한되었다. 하지만 그리스는 옛 영토를 꾸준히 회복해 국경선을 넓혀 갔다. 발칸 전쟁 이후 마

:: 오스만 제국

케도니아와 크레타 섬을 차지하고, 제1차 세계대전 이후에는 불가리아로부터 그리스 서부 지역을 할양받아 현재의 국경선을 거의 완성했다. 이후 제2차 세계대전에 패한 이탈리아로부터 로도스 섬 등을 할양받아 전성기 때의 영토를 회복했다.

제2차 세계대전이 끝난 뒤 그리스는 군부의 쿠데타와 독재 정치로 혼란을 거듭했다. 그러던 와중에 1974년 국민투표로 왕정이 폐지되고, 민주 공화국 헌법이 공포되었다. 1980년대 이후 그리스는 해운업과 관광 산업 덕에 경제 성장을 이루었다. 선조들이 만들어 놓은 신전들은 그리스 경제를 일으키는 일등공신이었다. 2004년에는 올림픽을 개최해 옛 영광을 되찾는 듯했으나 올림픽 이후 그리스는 외려 금융 위기를 맞아 국가 경제가 파산 상태에 이르렀다. 형편에 맞지 않게 돈을 너무 많이 빌려서 펑펑 쓴 탓이기도 하고, 공무원과 소수 기득권 세력의 부정부패가 국가 위기의 원인이기도 하다. 그리스 인들은 유럽 연합과 국제 통화기금(IMF)에 빌려 쓴 돈을 갚지 못하면 앞으로 더 큰 고통을 당하게 될 것이다.

# 알렉산드로스 대왕의 정복 전쟁

## 헬레니즘 시대를 열다

    세계 역사에서 자신의 이름 앞에 정복자 타이틀을 붙일 수 있는 군주는 몇 명이나 될까? 인류 역사상 가장 큰 제국을 건설한 몽골의 칭기즈 칸과 우리 역사에서는 가장 넓은 영토를 개척한 광개토태왕을 들 수 있겠다. 그러나 두 사람보다 훨씬 앞서 정복의 길에 나섰던 인물이 있으니 그가 바로 마케도니아의 정복자 알렉산드로스 대왕이다. 알렉산드로스 대왕이 언제 어디를 정복했는지에 관해 이야기하기에 앞서 앞 장의 내용을 간단히 언급해 보자.

    펠로폰네소스 전쟁에서 아테네가 스파르타에 패하고, 스파르타가 다시 테바이에 패하면서 그리스 반도는 내분에 휩싸인다. 이 틈을 이용해서 그리스 패권을 차지한 것은 그리스 북방에 있는 마케도니아였다.

    마케도니아는 그리스에게 북방에 있는 야만 국가 취급을 받았다. 중국식으로 말하자면 북쪽의 오랑캐 정도였다고 할까. 하지만 유능한 군주 필리포스 2세가 등장하고부터 마케도니아는 더 이상 야만 국가가 아니었다.

필리포스 2세는 마케도니아 지역을 통합한 뒤 그리스를 향해 밀고 내려와 그리스 도시 국가들을 하나씩 접수해 나가기 시작했다. 그리스 도시 국가들은 필사적으로 저항을 했다. 하지만 필리포스 2세는 유능할 뿐만 아니라 서양의 보병과 동양의 기병을 혼합한 전술을 구사할 정도로 뛰어난 전술가여서 그리스 도시 국가들은 그에게 머리를 숙이지 않을 수 없었다. 그리스 보병의 2.4m짜리 창보다 긴 4.2m 창으로 밀고 들어오는 마케도니아 군대를 보고 겁먹지 않은 그리스 인이 없었다고 한다.

필리포스 2세는 1천 년 뒤 칭기즈 칸이 중국을 차지한 것처럼 그리스 북방에서 시작해 그리스 본토를 평정했다. 하지만 필리포스 2세의 꿈은 그리스가 전부는 아니었다. 그는 그리스를 손에

:: 고대 마케도니아의 군사

넣은 뒤 페르시아를 정복하겠다고 마음먹었다. 에게 해 건너편에 아직도 동방의 맹주로 버티고 있는 페르시아 제국이 있는 한 마케도니아도 결코 안전한 곳이 못 된다고 판단했기 때문이다.

하지만 필리포스 2세는 페르시아 정복의 꿈을 이루지 못하고 기원전 336년 암살당했다. 그의 꿈은, 필리포스 2세 암살에 관여한 것으로 의심받기도 하는 그의 아들에게 넘겨졌다. 스무 살에 왕위에 오른 필리포스 2세의 아들, 그가 바로 인류 역사상 가장 뛰어난 정복자라고 칭송을 받는 알렉산드로스 대왕이다.

## 알렉산드로스, 동방을 향해 진격

알렉산드로스는 정복에 관해 이러저러한 일화를 많이 남겼다. 청년 시절 아버지를 따라 전장에 나갔을 때, 아버지가 그리스 도시 국가들을 차례로 정복하는 것을 보고 "아버지가 다 정복해 버리면 나는 어디를 정복하란 말인가요?"라고 했다는 이야기가 유명하다. 또한 로마의 정복자 카이사르가 어느 날 헤라클레스 신전에 있는 알렉산드로스 대왕의 동상을 보고 한숨을 내쉬며 "알렉산드로스 대왕이시여, 대왕은 내 나이에 세계를 정복했는데 나는 이게 뭔가요?" 하고 한탄했다는 이야기도 있다.

알렉산드로스는 어떻게 위대한 정복자가 되었을까? 알렉산드로스는 어린 시절 어머니로부터 너는 제우스의 아들이라는 말을 귀에 못이 박이도록 듣고 자랐다. 또한 아버지는 헤라클레스의 자손이고 어머니는 아킬레우스아킬레스는 아킬레우스의 영어식 표현의 후손이라는 이야기도 밤낮으로 들었다. 그래서 그는 정말 자기가 신의 아들이라고 생각했다.

알렉산드로스는 열세 살 때부터 3년 동안 그리스 철학의 아버지 아리스토텔레스에게서 자연과 인문학 과외 수업을 받으며 교양인으로 자랐다. 커서는 트로이아트로이는 트로이아의 영어식 표현이다 전쟁을 다룬 호메로스의 『일리아드』와 『오디세이아』를 좋아해 전쟁 중에도 늘 그 책을 가지고 다녔다고 한다.

얼굴 잘 생기고 교양 철철 넘치는 알렉산드로스는 아버지를 능가하는 전투 능력과 아무리 친구라도 믿지 않으며, 짓밟을 때는 철저하게 짓밟아 다시는 저항하지 못하게 만드는 잔인함까지 갖췄다고 한다. 이런 그가 그리스를 평정하고 페르시아를 향해 동쪽으로 말 머리를 돌린 건 기원전 334년의 일이었다.

알렉산드로스가 페르시아 원정에 나서기 전에 저항하던 테바이를 무자비하게 짓밟았다는 소식이 에게 해 건너편에 전해지자 페르시아의 분위기는 싸늘해졌다. 동방 원정에

:: 아리스토텔레스

:: 알렉산드로스 대왕

나선 알렉산드로스는 보병 3만 명, 기병 5000명, 함대 160여 척을 이끌고 먼저 오늘날의 터키 지역인 소아시아를 정복했다. 페르시아의 지배 아래 있던 이집트와 페니키아를 배후에 남겨 두고 싶지 않았기 때문이었다.

알렉산드로스 원정군은 수적으로는 우세한 적이 없었지만 그의 상상력 넘치는 작전과 솔선수범하는 리더십 덕에 항상 승리하였다. 알렉산드로스는 이집트를 점령한 뒤 그곳을 떠나기 전에 바닷가에 도시를 건설하고 '알렉산드리아'라고 이름을 붙였다. 그리고 마침내 페르시아 심장부를 향해 출발했다.

## 아시아 정복의 시작, 이소스 전투

기원전 333년 시리아의 해안가 이소스에서 벌어진 전투는 알렉산드로스 원정군이 처음으로 아시아 깊숙이 진출한 전투였다. 알렉산드로스 원정군은 수적으로 열세였지만 가장 선두에서 말을 달려 적진을 향해 돌진하는 대왕의 헌신에 힘입어 페르시아 군대의 방어선을 격파했다. 이 전투에서 페르시아의 다리우스 왕은 교전 중 도주했고, 이후 페르시아군은 완전히 무너졌다. 이소스 전투 승리는 마케도니아에게 페르시아 정복의 길을 열어 주었다. 그리고 그 승리는 가우가멜라 전투로 이어졌다.

## 🐎 아시아의 운명을 결정지은 가우가멜라 전투

이소스 전투가 있는 지 2년 뒤인 기원전 331년, 알렉산드로스 원정군이 유프라테스 강을 건너 메소포타미아 턱밑까지 진출했다. 페르시아 왕 다리우스는 가우가멜라 평원에서 알렉산드로스 원정군을 기다리고 있었다. 알렉산드로스가 가우가멜라까지 쳐들어오는 동안 다리우스는 자기의 딸을 주겠다, 소아시아의 국가들을 넘겨주겠다며 휴전을 제의했지만 알렉산드로스는 그 제안을 가볍게 거절했다. 알렉산드로스의 목표는 진정한 동방의 대왕이 되는 것이었으니까.

드디어 운명의 날이 밝았다. 알렉산드로스의 부대는 마케도니아와 그리스 병사, 그리고 원정 도중 현지에서 징발한 보병이 약 4만 명, 기병이 7000명에 이르렀다. 알렉산드로스 맞은편에는 이집트, 중앙아시아, 인도, 소아시아 등 다국적군으로 구성된 페르시아 군대가 버티고 있었다. 알렉산드로스 군대는 밀집 대형의 보병과 기동력을 갖춘 기병이 주력 부대였고, 페르시아 군대는 전차 부대가 자랑거리였다. 특히 페르시아 군대 맨 앞줄에 버티고 서 있는 낯설고 거대한 열다섯 마리의 코끼리 부대는 알렉산드로스의 병사들을 당황하게 만들었다.

싸움이 시작되자 알렉산드로스는 밀집 대형으로 페르시아 전차 부대를 막아선 다음, 날랜 기병으로 페르시아 군대를 공격했다. 보병과 기병의 긴밀한 공조는 아버지로부터 물려받은 전법이었다. 이 전투에서 페르시아 왕은 앞선 이소스 전투처럼 싸우다 도망쳤다. 이런 원인들로 인해 가우가멜라 전투는 알렉산드로스의 승리로 끝났다. 승리한 알렉산드로스는 군대를 이끌고 바빌론에 입성했다. 이제 알렉산드로스의 군대를 막을 군대는 아무도 없었다.

가우가멜라에서 도망친 다리우스 왕은 도중에 측근에게 살해되었고, 알렉산드로스가 페르시아의 왕이 되었다. 페르시아를 정복한 뒤 마케도니아 병사들은 전쟁을 끝내고 집으로 돌아가기를 바랐다. 하지만 알렉산드로스는 진군을 멈추지 않았다. 그에게는

알렉산드로스 제국

페르시아 동쪽이 궁금했다. 결국 알렉산드로스는 동쪽으로 진군해 오늘날의 아프가니스탄을 거쳐 인도 서북부의 펀자브 지역에서 10만 명에 이르는 인도 연합군마저 격파했다. 이때 알렉산드로스는 인더스 강을 건너 인도군을 격퇴하고 포루스 왕을 사로잡았다.

알렉산드로스는 갠지즈 강을 따라 원정을 계속하고 싶었다. 하지만 고향에 부모와 가족을 두고 온 병사들이 너무나 집으로 돌아가고 싶어 했다. 알렉산드로스가 그들을 향해 뜨거운 웅변을 토해 냈지만 병사들은 말을 듣지 않았다. 결국 인도 내륙을 가로질러 동쪽으로 향하려던 알렉산드로스의 원정은 거기서 중단되었다. 알렉산드로스는 원정을 중단하는 대신 왔던 길로 되돌아가지 않고 새로운 길을 통해 페르시아 수도로 돌아왔다.

## 🐎 알렉산드로스 대왕이 남긴 문화유산

알렉산드로스 대왕의 원정은 12년 동안 약 2만 5000km를 걷고, 따르는 무리 가운데서 1만여 명의 아기가 태어난 대원정이었다. 그는 국경선을 그리스와 소아시아, 페르시아, 중앙아시아, 인도 북부까지 넓혔다.

페르시아 수도로 돌아온 알렉산드로스는 서른세 살이라는 젊은 나이로 죽었다. 이른 죽음이었지만 그가 역사에 끼친 영향은 너무나도 컸다. 아시아의 대제국이었던 페르시아가 무너졌고, 알렉산드로스의 후계자들이 그리스와 이집트, 트라키아, 시리아 등을 통치했다. 이 지역은 훗날 1세기에 이르러 모두 로마 제국에 흡수된다.

알렉산드로스는 정복하는 곳마다 자신의 이름을 딴 도시 '알렉산드리아'를 세워 그리스 인을 이주시켰다. 또한 페르시아 인과 결혼을 장려하는 등 동서 사회의 융합을 시도했다. 페르시아 문화를 그리스 문화에 접목시켜 헬레니즘 문화를 탄생시킨 것이다.

알렉산드로스의 동방 원정에 의해 탄생한 헬레니즘 문화는 인도의 간다라 미술에도 큰 영향을 끼쳤다. 인도 사람들은 알렉산드로스 이전까지 부처의 얼굴을 조각하는 것은 감히 꿈도 꾸지 못했다. 그런데 인간 육체의 아름다움을 솔직하게 표현하는 헬레니즘 미술이 전

:: 헬레니즘 시대의 조각상

:: 헬레니즘 시대의 부조

해져 부처의 얼굴을 조각한 불상을 만들게 되었다. 이후 간다라 미술은 중국과 우리나라까지 전해져 신라 석굴암에도 영향을 끼쳤다.

알렉산드로스의 동방 원정은 무역 발달에도 영향을 끼쳤다. 그가 개척한 도로와 항구, 도시 덕분에 유럽과 동방 세계 사이에 무역이 발달했다. 자연 과학 발전에도 영향을 끼쳤다. 알렉산드로스는 원정 길에서 유럽에 알려지지 않은 여러 동물의 표본을 스승인 아리스토텔레스에게 보냈고, 아리스토텔레스는 이를 토대로 과학 책인 『동물사』를 지었다고 한다. 또한 복숭아나무, 레몬, 배나무 등이 처음으로 유럽에 전해지게 된 것도 알렉산드로스의 원정 이후였다.

:: 아리스토텔레스가 쓴 『동물사』

알렉산드로스는 불패의 화신이었다. 위기의 순간에도 언제나 그는 과감하고 교묘하게 상황을 극복했고 숱한 전투에서 단 한 번도 패하지 않았다. 페르시아 수도로 돌아온 뒤 그는 지중해 건너편 카르타고와 이탈리아 반도의 로마까지 정복할 예정이었다. 그러나 출정 직전 죽고 말았다. 그가 좀 더 오래 살았다면 로마는 초강력 제국주의 로마라는 이름보다 알렉산드로스의 지배를 받은 도시로 세계사에 먼저 이름을 올렸을지도 모른다.

# 그리스와 마케도니아의 국호 분쟁

1991년 옛 유고 연방에서 독립한 마케도니아가 마케도니아 공화국이라는 국호를 사용하자 그리스가 발끈했다. 그리스는 "예로부터 마케도니아는 그리스 북부의 한 지명일 뿐"이라며 반대했다. 그리스는 또 "마케도니아 인들이 마케도니아라는 국호를 사용하는 것은 알렉산드로스 대왕 시대까지 거슬러 올라가서 주권을 주장하는 것"이라며 "나라 이름을 바꾸라."고 요구했다. 이에 대해 마케도니아는 "마케도니아는 과거 수세기 동안 사용되어 온 나라 이름이며 유고슬라비아 연방에 속해 있을 때도 사용했던 고유한 국명"이라며 그리스의 주장을 일축했다. 그러자 그리스는 마케도니아가 사용하는 테살로니키 항구를 봉쇄했다. 마케도니아로 향하는 유일한 수출입 항구가 봉쇄되자 마케도니아 경제가 파탄 지경에 이르렀다. 이 때문에 두 나라는 전쟁 직전의 상황으로 치달았다. 이에 1995년 유럽 연합(EU)이 중재에 나섰고, 마케도니아가 국호를 사용하는 쪽으로 결론이 났다. 그리스와 마케도니아가 이렇듯 분쟁을 벌이는 이유는 알렉산드로스 대왕이 장악했던 지역이 오늘날 그리스와 마케도니아 영토에 걸쳐 있기 때문이다. 그래서 그리스와 마케도니아 두 나라는 오늘날까지도 서로 알렉산드로스 대왕의 연고권이 자기 쪽에 있다며 갈등을 빚고 있다. 그들이 알렉산드로스 대왕의 연고권을 주장하는 이유 가운데 하나는 대왕의 명성에 힘입어 외국 관광객을 불러들이려는 데 있다.

# 알렉산드로스의 후예 마케도니아

유럽의 발칸 반도 한가운데 위치한 마케도니아 공화국은 북쪽으로 세르비아와 코소보, 동쪽으로 불가리아, 남쪽으로 그리스, 서쪽으로 알바니아와 맞닿아 있다. 오늘날 마케도니아 공화국은 유럽의 최빈국이다. 알렉산드로스의 영광을 이은 건 이름뿐이다. 이유가 있다. 마케도니아는 2천 년 역사를 이어오는 동안 끊임없이 이웃 나라와 다른 민족의 지배를 받았다.

필립포스 2세와 그 뒤를 이은 알렉산드로스의 영광이 지나간 뒤 마케도니아는 그리스와 여타 유럽 국가들처럼 로마의 속주로 편입되었다. 이후 비잔티움 제국(동로마 제국)에 지배를 당했다.

14세기 들어 잠시 세르비아 제국에 복속된 뒤 오스만 제국이 남동 유럽을 지배할 때 오스만 제국의 일원이 되었다. 오스만 제국의 지배는 500년 넘게 이어졌다.

1912년과 1913년 발칸 지역에서 벌어진 발칸 전쟁 이후 오스만 세력은 이 지역에서 물러나고 오스만 제국이 차지하고 있던 발칸 지역 대부분을 그리스, 세르비아, 불가리아가 나눠 가졌다. 이때 마케도니아 영토는 남부 세르비아로 불리게 되었다. 1944년 마케도니아는 유고슬라비아 인민 연방 공화국의 한 나라가 되었다가 1991년 유고슬라비아 연방으로부터 독립했다. 유럽 최빈국 가운데 하나인 마케도니아는 알렉산드로스 대왕의 동상을 수도에 건립하는 등 알렉산드로스 대왕을 상징으로 내세워 외국 관광객들을 불러 모으기 위해 애쓰고 있다.

# 포에니 전쟁

## 로마와 카르타고의 한판 승부

알렉산드로스가 그리스에서 인도에 이르는 대제국을 건설할 무렵, 그리스 옆 동네인 이탈리아 반도에서는 로마가 기지개를 켜고 있었다. 로마가 기원전 272년 이탈리아 반도를 통일하면서 서구 역사의 무대는 그리스 주변의 에게 해에서 지중해로 옮겨 왔다. 로마가 세력을 떨치자 그때까지 지중해에서 해상 무역을 장악하고 있던 카르타고와의 충돌은 피할 수 없게 되었다.

지중해 패권을 둘러싼 로마와 카르타고의 충돌을 포에니 전쟁이라고 부른다. 하지만 아쉽게도 오늘날 지도에 카르타고라는 지명은 없다. 기원전 146년을 끝으로 세계 지도에서 사라져 버렸기 때문이다. 카르타고는 오늘날 북아프리카 튀니지의 수도인 튀니스 근방에 자리 잡고 있는 도시 국가였다.

혹시 페니키아 인에 대해 들어 보았는지? 페니키아 인은 알파벳을 만든 사람들이다. 그들은 그리스보다 먼저 에스파냐와 북아프리카 여러 지역에 도시를 건설했다. 카르타고는 바로 페니키아 인이 만든 도시 가운데 하나였다.

카르타고는 기원전 6세기부터 이미 지중해 해상을 장악하여 상업 도시로 성장해 왔는데, 당시 지중해 연안에서 가장 부강한 도시였다. 로마 사람들은 카르타고에 사는 이 페니키아 인들을 자기말로 '포에니 인'이라 불렀다.

포에니 인들과 전쟁을 벌일 상대는 로마 인이었다. 로마는 늑대젖을 먹고 자란 로물루스와 레무스 형제가 세웠다는 전설이 있는

:: 페니키아 상선

:: 페니키아 알파벳

:: 페니키아 주화

:: 늑대 젖을 먹는 로물루스와 레무스 　　　:: 루벤스가 그린 로물루스와 레무스

나라다. 로마는 기원전 6세기 말 공화정을 세웠고, 기원전 3세기에 이탈리아 반도를 통일했다. 이탈리아 반도를 통일한 로마 인은 바다 쪽으로 눈을 돌려 지중해 인근 섬에 눈독을 들이기 시작했다.

　장화처럼 생긴 이탈리아 반도를 보면 장화 코 앞에 시칠리아라는 섬이 있다. 로마는 코 앞에 있는 그 섬을 차지해야겠다고 마음먹었다. 하지만 불행하게도 그 섬은 지중해 건너편에 있는 카르타고에 속해 있었다.

## 시칠리아 섬을 둘러싼 로마와 카르타고의 분쟁

로마와 카르타고가 시칠리아 섬 쟁탈전을 시작으로 지중해의 패자가 되기 위해 벌인 싸움이 포에니 전쟁이다. 이 전쟁은 어떻게 시작되었을까?

시칠리아 섬 안에 있는 메시나와 시라쿠사라는 도시 사이에 전쟁이 벌어졌다. 이때 두 도시가 각각 로마와 카르타고에 지원을 요청했다. 이제까지 은근히 시칠리아를 넘보고 있던 로마가 병력을 파견하면서 제1차 포에니 전쟁이 시작되었다기원전 264년.

전쟁 초기에는 카르타고가 이기는 듯 보였다. 카르타고는 대함대를 가지고 있었을 뿐만 아니라, 시칠리아 섬에 이미 군대를 주

:: 카르타고 복원화

둔시키고 있었다. 하지만 로마 또한 만만한 상대가 아니었다. 로마인들은 카르타고처럼 배를 만들어 수많은 군사들을 배에 태우고 카르타고 배에 접근해 충각으로 카르타고의 배를 공격했다. 로마군은 충각 공격에 이어 카르타고의 배에 올라 육박전을 벌였다.

로마 육군도 용맹하게 싸웠다. 로마군은 그리스군처럼 중무장 보병이 주를 이루었는데, 중무장 보병의 약점인 기동성을 보완한 전술로 카르타고 군대를 무너뜨렸다. 로마 병사들은 부유한 평민들로 이루어져 있었다. 군인이 되는 것은 그들의 권리이자 특권이었기 때문에 로마 군인들의 자부심은 대단했다. 결국 로마와 카

**육박전**
적과 직접 맞붙어서 총검으로 치고받는 싸움

:: 카르타고 유적지

르타고의 1차전은 로마의 승리로 끝났다기원전 241년. 전쟁에 패한 카르타고는 시칠리아 섬의 지배권을 로마에 빼앗기고 막대한 배상금을 물어야 했다. 그렇다고 전쟁이 아주 끝난 것은 아니었다.

:: 제1차 포에니 전쟁

## 카르타고의 명장 한니발, 코끼리를 몰고 알프스를 넘다

제1차 포에니 전쟁에 패한 카르타고의 장군 하밀카르 바르카스에게는 네 아들이 있었다. 그는 아들들에게 로마를 영원히 증오할 것을 맹세하게 했다. 맹세하는 아들 가운데 가장 큰 목소리로 로마를 증오하는 아들이 있었다. 큰아들 한니발 바르카스였다. 한니발이 장성해 로마로 진격해 들어갔다. 이 전쟁이 제2차 포에니 전쟁이다기원전 218~202년.

한니발은 지중해로 가는 해상로를 로마가 이미 차단했기 때문에 에스파냐스페인은 에스파냐의 영어식 표현와 프랑스를 거쳐 로마로 쳐들어갈 수밖에 없었다. 그가 가야 하는 길에는 유럽의 최고봉을 품은 피레네 산맥과 알프스 산맥이 버티고 있었다.

한니발은 그 험한 산맥을 넘는데 코끼리 부대를 몰고 갔다. 상상해 보자. 코끼리 서른여덟 마리가 눈 덮인 알프스를 넘는 모습을. 춥고 고된 산맥을 넘어 이탈리아에 도착했을 때 코끼리들은 거의 다 죽었다. 출발할 때 5만이던 병사도 반 이상 줄었다.

오늘날 한니발 앞에 붙는 수식어는 '카르타고의 명장'이라는 일곱 글자다. 그는 명장답게 수적인 열세에도 불구하고 이탈리아 땅으로 쳐들어가 로마를 향해 진군했다. 그는 그 유명한 칸나에 전투에서 로마군 10만 명과 맞붙었다기원전 216년.

한니발은 칸나에 전투에서 이른바 초승달 작전으로 로마군과 싸웠다. 초승달 작전은 전투 대형을 초승달처럼 둥글게 만들어 가운데 볼록하게 나온 부분에 비교적 전투력이 약한 보병을 배치하고, 좌우에 전력이 강한 기병을 배치하는 전술이다.

한니발의 초승달 작전은 성공했을까? 한니발은 로마군을 중앙으로 유인했다. 그리고 뒤로 물러나며 로마군을 안으로 끌어들였다. 바로 그때 좌우에 있던 기병이 로마군의 배후를 치기 시작했다. 당황한 수만 명의 로마 병사들은 한니발 군대에 포위당해 급속히 무너지고 말았다.

당시 전사한 로마군의 숫자가 5만 명인지 7만 명인지는 기록마다 달라 어느 것이 정확한 수치라고 말하긴 어렵다. 하지만 일치하는 건 로마군 수만 명이 한니발의 초승달 작전에 걸려 섬멸당했다는 사실이다. 그래서 전쟁사에서 칸나에 전투는 적을 남김없이 쓸어버리는 섬멸전의 대명사로 쓰인다. 이 칸나에 전투에서 용케 살아남은 로마 군인 중에 스키피오라는 젊은 병사가 있었다. 그는 적장 한니발에게 증오와 존경을 동시에 느끼며 복수를 다짐했다.

칸나에 전투에서 승리한 한니발은 로마까지 진격해 들어가자는 부하의 권유를 받아들이지 않았다. 한니발의 원래 목적은 로마를 파괴하는 것이 아니라 이탈리아에 대한 로마의 지배력을 견제하여 카르타고와 로마가 공존하는 데 있었기 때문이다.

칸나에 전투 이후에도 이탈리아 남부에서 10여 년 동안 로마군과 전쟁을 벌이던 한니발은 카르타고 본토로 쳐들어온 로마 장군 때문에 고국으로 귀환하라는 명령을 받았다. 그 로마 장군이 바로 칸나에 전투에서 가까스로 살아남은 스키피오였다. 스키피오는 한니발이 이탈리아에 머물고 있을 때 지중해를 건너 카르타고로 쳐들어갔다. 돌아온 한니발은 난감했다. 그에겐 전투를 펼칠 병사가 별로 없었기 때문이다. 그래서 한니발은 스키피오에게 일단 만나서 얘기 좀 하자고 운을 띄웠다.

:: 제2차 포에니전쟁

훗날 로마의 역사가는 이때의 상황을 두고 한니발이 아마 이런 제안을 했을 것이라고 추측한다.

"우리 싸우지 말고 사이좋게 지내는 게 어때?"

한니발의 제안을 받은 스키피오는 어떻게 했을까? 그는 한니발의 제안을 무시하고 그가 하려던 대로 밀고 나갔고 결국 한니발 부대와 스키피오 부대가 맞닥뜨리게 되었다. 오랜 전쟁으로 한니발에게 싸울 병사가 부족하다고 하지만 그래도 그에게는 믿을 만한 코끼리 부대가 있었다. 스키피오는 한니발의 희망인 코끼리를 나팔과 호른으로 어리둥절하게 만들어 제압했다. 이 자마 전투에서 스키피오가 이끄는 로마군이 한니발 군대를 물리치고 승리했다.

:: 스피키오

:: 한니발

## 스키피오와 자마 전투

자마 전투에서 맞닥뜨렸던 한니발과 스키피오는 이후 한 번 더 만났던 것으로 전해진다. 이때 스키피오는 한니발에게 역사상 가장 위대한 지휘관이 누구라고 생각하느냐고 물었다. 한니발은 "알렉산드로스!"라고 대답했다. 두 번째로는 피로스라고 답했다. 피로스는 그리스 에피로스 지방의 왕으로 로마군과 여러 번 싸워 이겼으나 최후 전투에서 패해 많은 희생을 치렀다. 이 때문에 '피로스의 승리'라는 고사를 남긴 인물이다. 한니발은 세 번째로 위대한 지휘관은 자신이라고 말했다. 그러면서 "만일 당신에게 패하지 않았다면 내가 가장 위대한 지휘관이 되었을 것."이라고 덧붙였다.

:: 스키피오

## 한니발을 물리친 스키피오

자칫 세계에서 가장 위대한 지휘관이 될 뻔한 한니발을 세 번째 위대한 지휘관의 위치로 밀어낸 스키피오(기원전 236~184년 경). 로마 장군인 그는 아버지와 할아버지가 로마 집정관인 명문 귀족 집안에서 태어났다. 그는 한니발이 이탈리아를 침공했을 때 로마군으로 전투에 참가했으나 패하여 겨우 목숨을 건졌다. 14년 뒤 스키피오는 자마 전투에서 다시 한니발을 만나 그때의 패배를 설욕했으며 제2차 포에니 전쟁을 승리로 이끌었다. 이 승리로 스키피오는 아프리카를 정복한 자라는 뜻의 '아프리카누스'라는 명성을 얻었다. 이 대단한 승리에도 그는 훗날 로마에서 그의 정적들에 의해 쫓겨나 농촌에서 밭을 갈며 살다 생을 마감했다.

## 🐎 지중해의 패자로 떠오른 로마

북아프리카에서 벌어진 자마 전투(기원전 202년)에서 로마가 승리해 제2차 포에니 전쟁은 끝이 났다. 카르타고는 또다시 막대한 배상금을 지불해야 했고, 다시는 외국과 싸우지 않겠다는 협약에 사인을 해야만 했다. 이것으로 로마와 카르타고의 싸움이 끝난 것일까? 아니었다. 지중해를 장악한 로마는 이참에 지중해를 사이에 둔 카르타고를 무너뜨리기 위해 작전을 짰다.

로마는 카르타고 옆 동네에 살던 누미디아를 부추겨 카르타고로 쳐들어가도록 했다. 그러자 카르타고는 방어를 위해 군대를 소집했고, 로마는 기다렸다는 듯이 카르타고가 군대를 모은 것은 협약에 위반된다며 카르타고로 쳐들어갔다. 카르타고도 앉아서 당할 수만은 없었다. 아무리 외국 군대와 싸우지 않겠다는 협약에 사인했지만, 자기 집 안방까지 쳐들어온 적을 그냥 보고만 있을 수는 없었다.

카르타고 인들은 3년에 걸친 긴 항쟁을 벌였다. 그러나 그리스를 정복하고 마케도니아와 이집트, 소아시를 식민지로 만들어 버리며 유럽의 지배자로 떠오는 로마를 막기엔 역부족이었다. 카르타고는 끈질긴 저항 끝에 결국 무참히 파괴되었다. 로마군은 카르타고의 성과 도시를 철저하게 파괴했다. 도시를 모두 불태우고 평지로 만든 다음 쟁기로 갈아엎을 정도였다. 카르타고 인들은 무참히 살해되었고, 살아남은 사람은 노예로 팔려 갔다.

이렇게 해서 제3차 포에니 전쟁도 끝이 났다. 로마가 100여 년 동안 세 차례에 걸쳐 카르타고와 싸워 이기는 동안 카르타고는 자연스럽게 로마의 것이 되었다. 지중해가 로마의 호수로 변했다는 표현은 여기에서 생긴 말이다.

지중해를 자기들의 호수로 만들어 버린 로마. 로마는 어떻게 대제국의 꿈을 이루어 갈까?

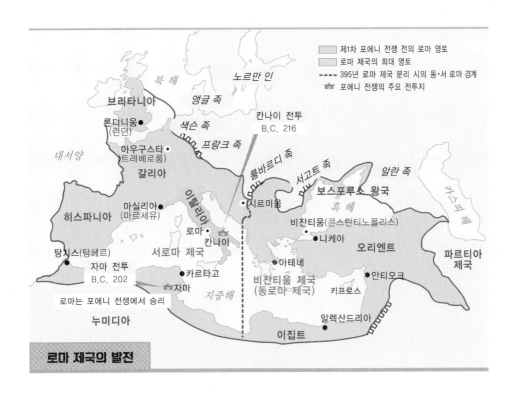

로마 제국의 발전

# 로마에 파괴당해 1천 년 역사 사라져

카르타고는 오늘날 튀니지의 수도 튀니스에서 동쪽으로 15km 거리에 위치해 있다. 이 도시의 기원은 1000여 년 전으로 거슬러 올라간다. 기원전 9세기 지중해를 건너온 페니키아 인은 북아프리카 해안에 카르타고를 건설했다. 로마에 의해 카르타고로 불린 이 도시는 수 세기 동안 그리스, 로마와 지중해 패권을 놓고 경쟁을 벌였다.

로마와 카르타고의 충돌은 기원전 3세기에서 2세기 사이에 벌어진 세 차례의 포에니 전쟁으로 나타났다. 기원전 146년 제3차 포에니 전쟁에 승리한 로마군은 한니발의 조국 카르타고를 무참히 파괴했다. 모든 건축물을 불태웠고 땅을 갈아엎은 후 소금을 뿌려 황무지로 만들었다. 이후 로마는 카르타고를 식민지로 만들었다. 이로써 1천여 년 동안 지중해를 둘러싸고 로마와 경쟁했던 카르타고는 역사 속으로 사라졌다.

로마의 지배하에 있던 카르타고는 5세기 반달족, 6세기 비잔티움 제국, 7세기 아랍족의 침입을 받는다. 16세기 이후로는 오스만 제국의 영토에 포함된다. 근대에 이르러 카르타고는 1881년 프랑스의 침입을 받아 프랑스 식민지가 된 뒤 1956년 프랑스로부터 독립해 튀니지 공화국이 되었다.

카르타고에는 고대 지중해의 무역을 주도하던 카르타고의 유적은 거의 볼 수 없다. 하지만 로마 식민지 시절의 유적은 도시 곳곳에서 볼 수 있다. 안토니우스 목욕탕으로 불리는 대형 공중 목욕탕과 콜로세움을 본 떠 만든 원형 극장, 자구안 산에서 카르타고까지 물을 끌어오기 위해 건설한 수로교 등 로마 시대의 유적이 세계문화유산으로 등록되어 있다.

튀니지에서 있었던 가장 최근의 정치적 변화는 2011년의 정권 퇴진 운동이었다. 실업자인 한 청년의 자살을 계기로 촉발된 민주화 운동은 23년 독재 통치자를 국외로 추방시켰다. 튀니지의 수도 튀니스에서 촉발된 이 시위는 이웃 나라로 번져 리비아의 독재자를 축출하는 계기가 되었다. 현재 튀니지에는 서울 인구와 비슷한 1000여 만 명이 살고 있다.

:: 카르타고 유적지

# 삼두 정치 시대와 카이사르

## 로마 제국의 기틀 마련

　로마는 세 차례에 걸친 포에니 전쟁을 승리로 이끌며 지중해를 장악했다. 이어 그리스마저 정복하고 마침내 유럽의 지배자가 되었다. 이런 로마의 대외 팽창 중심에 위대한 정복자 카이사르가 있었다.

　서양 역사에서 카이사르는 알렉산드로스만큼 유명 인사다. 그는 유명인답게 유행어도 많이 남겼다. 그가 남긴 말 가운데 대표적인 것은 루비콘 강을 건너기 전 했다는 "주사위는 던져졌다."는 말이다. 이 말은 대단한 결단을 뜻하는데, 이 말의 의미를 이해하기 위해서는 카이사르가 루비콘 강을 건너기 전까지의 로마 역사를 살펴볼 필요가 있다.

　로마가 지중해 패권을 차지하며 한창 잘 나가고 있을 때 전장에서 돌아온 군인들은 다소 황당한 일을 겪게 된다. 본업이 농민이었던 군인들이 오랜 전쟁으로 집을 비운 사이 자신들의 밭은 황폐

:: 라티푼디움

해졌고, 그로 인해 신흥 귀족이 농민들의 농지를 헐값에 사들여 라티푼디움이라는 대농장을 만들었다.

농사 지을 토지는 둘째 치고 살 집마저 없어진 농민들은 대농장에 고용되어 일하거나 거지로 전락했다. 로마 사회를 받쳐 주던 자영 농민이 몰락하고 라티푼디움으로 부를 축척한 신흥 귀족이 등장하면서 로마 공화정은 위기를 맞았다.

이를 극복하기 위해 그라쿠스 형제가 몰락한 농민에게 토지를 돌려주어야 한다며 개혁을 시도했다. 그러나 대토지 소유자와 기득권층의 반발로 개혁은 실패하고 그라쿠스 형제는 죽고 만다.

:: 그라쿠스 형제

이후 로마는 귀족 편인 벌족파와 평민을 위하는 평민파 사이에 권력 투쟁이 일어나고 노예들이 반란을 일으키는 등 심각한 내란 상태에 빠진다. 바로 이때 막강한 사병을 거느린 군인들이 권력을 잡아 로마를 다스리게 되는데, 이것을 삼두 정치라고 부른다. 삼두 정치란 세 우두머리가 다스리는 정치라는 뜻이다. 삼두 정치 시대의 주인공은 폼페이우스, 크라수스, 카이사르였다.

:: 카이사르

:: 폼페이우스

:: 크라수스

## 로마의 대농장 라티푼디움

광대한 토지라는 뜻의 라틴 어. 고대 로마의 대토지 소유제를 가리킨다. 농민이 오랜 기간 전쟁에 참여하는 동안 그들의 토지가 유력자에게 넘어가는 일이 빈번했다. 기원전 2세기경부터 노예제에 의한 대토지 소유제가 확대되자, 그라쿠스 형제가 토지 제도의 모순을 개혁하고자 노력했으나 큰 성과를 거두지는 못했다. 이후 라티푼디움 경영은 노예에 의한 경영보다 자유 소작제 형태로 바뀌었다.

## 루비콘 강을 건너는 카이사르

그럼 지금부터 본격적으로 카이사르가 루비콘 강을 건넌 이야기를 해 보자. 세 우두머리 가운데 하나였던 카이사르는 오늘날 프랑스인 갈리아 지역에 총독으로 파견돼 있었다. 그에게 로마 국경선을 방어하는 임무가 맡겨졌다. 그런데 카이사르는 국경선을 지키는 임무 외에 국경선을 넓히는 공까지 세웠다. 이것이 갈리아 지역 정복이다.

알렉산드로스 대왕을 존경했던 카이사르에게 조용히 앉아서 영토를 지키는 것은 수치였는지 모른다. 그는 갈리아 지역 깊숙이 쳐들어가 갈리아 족을 무자비하게 짓밟고 그 지역의 많은 땅을 로마 영토로 만들어 버렸다. 이때는 아시아 동쪽 끝 한반도에

:: 정적을 살해하는 술라

서 고구려와 백제와 신라가 각각 나라를 세우던 때로 기원전 58
년에서 52년 무렵이었다.

　카이사르가 9년 동안 갈리아 지역에서 오늘날의 영국인 브리타
니아까지 진출하여 유럽을 휘젓고 다니자 로마에서 카이사르의
인기가 하늘 높이 치솟았다. 제1차 삼두 정치 시대의 선두 주자였
던 폼페이우스는 당황했다. 카이사르의 인기가 자신을 위협할 정
도였기 때문이다.

　일부 로마 인들은 다른 이유로 카이사르에 불안을 느꼈다. 카이사
르가 제2의 술라처럼 행동하는 게 아닐까 하는 걱정 때문이었다.
술라는 자신의 정적 3500여 명을 죽인 독재자였다. 그들은 힘을

정적
정치에서 대립되는
처지에 있는 사람

가진 카이사르가 그런 독재자가 되지 않을까 걱정한 것이다.

위대한 정복자가 되겠다는 꿈을 가진 카이사르와 제1인자 자리를 지키려는 폼페이우스의 경쟁이 날로 치열해질 즈음, 폼페이우스는 특단의 조치를 강구했다. 입법권을 행사하고 정치 자문 기구 구실을 하는 로마 원로원과 결탁해 카이사르를 제거하기로 한 것이다.

로마 원로원은 카이사르에게 그동안 쌓은 공이 높으니 이제 그만 로마로 돌아오라는 명령을 내렸다. 무장을 해제하고서 말이다. 카이사르는 원로원의 명령이 무엇을 뜻하는지 알고 있었다. 그래서 순순히 "네." 하며 그들의 명령을 따르지 않았다.

외지에 나갔던 군대가 루비콘 강을 건너 로마로 들어가기 위해서는 무장을 해제하는 전통이 있었다. 카이사르는 그 전통을 따르지 않는 대신 "주사위는 던져졌다."며 무장한 군대를 이끌고 루비콘 강을 건넜다.

## 🐎 카이사르의 성공한 쿠데타

카이사르가 무장한 채 루비콘 강을 건넜다는 소식은 빠르게 로마 원로원에 전달되었다. 소식을 들은 폼페이우스는 로마를 버리고 달아났다. 카이사르는 개선장군이 되어 로마에 입성했다.

전쟁사 연구가 가운데 카이사르가 특별한 전법을 고안하지도 못했고 전쟁 전술가로서 탁월한 능력을 보여 주지도 못했다고 말하는 사람도 있다. 그러나 카이사르는 신속하고도 과감한 행동으로 전쟁을 승리로 이끈 장군이었다. 또한 그는 부하들에게 인기가 많아서 그가 나타나면 압도적인 승리에 대한 확신이 군내 내에 전염병처럼 번졌다고 한다.

카이사르는 또한 뛰어난 웅변가여서 그가 쿠데타를 일으켰는데도 로마 시민들은 그의 뛰어난 웅변에 매료되어 그에게 지지를 보냈다. 이러한 장점들 덕에 카이사르는 쿠데타에 성공했다.

로마 권력을 손에 쥔 카이사르는 달아난 폼페이우스를 추격했다. 카이사르는 자신의 휘하에서 가장 뛰어난 장수를 히스파니아오늘날의 에스파냐로 보내 폼페이우스의 아들과 싸우게 하고 자신은 폼페이우스를 쫓아 그리스로 향했다.

카이사르와 폼페이우스는 그리스의 파르살로스에서 맞닥뜨렸다. 카이사르가 거느린 군사의 수보다 폼페이우스 군의 숫자가 많았지만 카이사르가 지나칠 정도로 과감한 반면, 폼페이우스는 걱정스러울 정도로 우유부단해서 전투는 카이사르 군의 승리로 끝났다.

전투에 패한 폼페이우스는 간신히 도망쳐 이집트로 빠져나갔지만 그곳에서 동료에게 암살당했다. 그 무렵 카이사르도 이집트로 갔다. 그는 그곳에서 왕위 계승 싸움을 벌이던 클레오파트라를 왕위에 오르게 하고 그녀와 잠시 사랑을 나눈 뒤 로마로 돌아왔다.

로마로 돌아온 카이사르는 루비콘 강을 건너 로마로 들어왔을 때보다 더 큰 인기를 누렸다. 하지만 모든 로마 시민이 그를 환영한 것은 아니었다. 원로원 의원들은 높아만 가는 카이사르의 인기에 불안해 했다. 그들은 그 불안을 떨쳐 내기 위해 카이사르를 제거하기로 마음먹었다.

## 카이사르는 못하는 게 뭐야?

로마 역사에서 가장 인기 있는 인물은 율리우스 카이사르다. 제국주의 시대의 문을 연 그의 양자 옥타비아누스(훗날 아우구스투스)나, 명성보다는 악명으로 유명한 네로도 있지만 카이사르의 명성과 인기에는 미치지 못한다. 카이사르는 갈리아와 브리타니아와 히스파니아를 정복한 군인이자, 삼두 정치 시대를 이끈 정치가이자, 『갈리아 전기』 따위의 정복기를 쓴 작가였다. 앞서 소개한 대로 "주사위는 던져졌다." "왔노라 보았노라 이겼노라." "브루투스 너마저……." 등의 어록을 남겨 더욱 유명하다. 그는 또 이집트로 건너가 클레오파트라 7세와 염문을 뿌린 것으로도 유명한데, 클레오파트라의 아들 카이사리온이 카이사르의 아들인지는 분명치 않다. 카이사르는 사후 로마에서 신으로 추앙받았다.

## 🐎 브루투스 너마저…….

그날은 기원전 44년 3월 15일이었다. 카이사르는 여느 날처럼 회의에 참석하기 위해 원로원에 갔다. 회의가 시작될 무렵 원로원 의원들이 인사를 하며 카이사르에게 다가왔다. 서로 인사를 나누려는 순간, 카이사르를 에워싼 사람 가운데 한 사람이 품에서 칼을 빼들었다. 그러고는 카이사르를 찔렀다. 그러자 너도 나도 칼을 꺼내 카이사르를 찌르기 시작했다. 그 가운데 카이사르의 양자인 브루투스도 있었다.

칼질은 무려 23차례나 이어졌다. 카이사르에 대한 증오와 두려움이 얼마나 컸는지를 보여 주는 수치다. 그날 카이사르는 폼페이우스 상 앞에서 그렇게 죽어갔다.

로마 원로원이 카이사르를 그토록 증오했던 이유는 무엇일까? 기원전 47년 소아시아에서 일어난 반란을 평정한 카이사르가 원로원에 보낸 보고서를 보고 원로원 의원들이 받는 충격에 그 해답이 있다. 카이사르는 소아시아 반란을 평정하고 매우 간략한 보고서를 보내 왔다.

"왔노라! 보았노라! 이겼노라!"

보고서를 받은 원로원의 한 의원은 "불과 출정 며칠 만에 반란을 평정한 그의 전투 능력보다, 이 짧은 보고서에 묻어 있는 끝

:: 폼페이우스 상 앞에서 살해당하는 카이사르

모를 자신감이 나를 불안에 떨게 했다."고 고백했다.

원로원 의원들은 대중의 지지를 한 몸에 받고 있는 카이사르가 로마 공화정 체제를 무너뜨리고 독재자가 될까봐 몹시 두려웠던 것이다.

카이사르가 죽자 곧바로 제2차 삼두 정치 시대가 시작되었다. 이 시기 안토니우스와 옥타비아누스가 지중해 세계를 둘로 나누어 싸움을 벌였다레피두스는 옥타비아누스와 대립하다 정계에서 은퇴하였다. 안토니우스가 이집트 여왕 클레오파트라와 손잡고 동방 제국을 세워 로마로부터 분리할 움직임을 보이자, 옥타비아누스가 안토니우스와 클레오파트라 연합군을 악티움 해전에서 크게 물리치고 이집트까지 정복했다.

카이사르의 양자 옥타비아누스는 안토니우스와의 싸움에서 승리한 이후 원로원으로부터 존엄한 자라는 뜻의 '아우구스투스'라는 칭호를 받았다. 그러나 그는 스스로 '프린 캡스', 즉 제1시민이라고 부르며 몸을 낮췄다. 양아버지 카이사르처럼 원로원의 미움을 받아 죽기 싫었던 것이다. 옥타비아누스는 동서남북으로 영토를 확장해 로마를 지중해 지역은 물론 유럽을 지배하는 제국으로 만들었다.

이때부터 로마는 공화정이 몰락하고 황제가 다스리는 제정 시대로 접어들었다. 옥타비아누스 이후 약 200년 동안 이어진 로마의 시대를 팍스 로마나 로마에 의한 평화 시대라 부른다.

독일의 역사가 요하네스 랑케는 로마가 고대 문명을 꽃피웠던 시대를 이렇게 표현했다.

"모든 고대의 역사는 로마 역사 속으로 흘러 들어갔고, 모든 근대의 역사는 로마로부터 흘러나왔다."

오늘날 카이사르는 로마 공화정을 파괴한 인물, 혹은 로마 제국의 초석을 닦은 인물이라는 상반된 평가를 받는다. 어쨌거나 군사 독재자 소리를 들었던 그는 민중의 마음을 정확히 파악해 그들의 지지를 이끌어 낸 정치가였던 것만은 확실하다.

그래서 그럴까. 오늘날 지구인들은 그의 이

:: 안토니우스

름을 해마다 부르며 기억하고 있다. 7월
을 영어로 줄라이July라고 하는데, 줄라
이를 라틴 어로 율리라고 한다. 바로 율
리우스 카이사르를 기념하여 만든 말
이다. 그리고 카이사르에 이어 로마를
이끈 아우구스투스 황제를 기려 8월을
아우구스토, 영어로 어거스트August라
고 부른다. 또한 고유명사인 카이사르
의 이름은 오늘날 일반 명사로 쓰이고
있다. 황제를 뜻하는 독일어 카이저와
러시아어의 차르가 바로 카이사르 이
름에서 나온 말이다.

:: 아우구스투스

# 로마 제국 흥망사, 카이사르에서 이탈리아 통일까지

카이사르가 죽은 후 그의 양자인 옥타비아누스는 제국주의 로마 시대를 열었다. 제국주의 시대가 개막된 이후 200여 년 동안 로마는 유능한 다섯 명의 황제가 차례로 집권하여 로마 제국을 전성기로 이끌었다. 이 시대를 5현제 시대라 한다.

이 시기 로마는 북으로 다뉴브 강, 서쪽으로 에스파냐, 남쪽으로 북아프리카, 동으로 아라비아 반도까지 영토를 확장했다. 지중해를 끼고 있는 모든 육지는 로마 제국의 영토였으며 로마는 이 속주들을 관리하기 위해 도로를 닦고, 화폐를 만들고, 도량형을 통일했다. 그러나 5현제 이후 로마는 속주의 반란으로 혼란을 거듭했는데, 4세기 콘스탄티누스 황제는 크리스트교를 공인(313년)하는 등 로마 중흥에 힘썼지만 395년 로마 제국은 서로마와 동로마로 분열되었다. 비잔티움 제국이라 불리는 동로마 제국은 이후 1000여 년 동안 지속됐으나, 서로마 제국은 476년 게르만 족 출신의 용병 대장 오도아케르에 의해 멸망했다.

이후 게르만 족의 하나인 프랑크 족이 프랑크 왕국을 세웠다. 8세기 카를루스 대제(영국 명 찰스, 프랑스 명 샤를, 독일 명 카를)는 옛 서로마 제국의 영토를 거의 회복해 서유럽을 통일했다. 그러나 그가 죽자 프랑크 왕국은 동프랑크, 중프랑크, 서프랑크로 분열했는데, 이 세 왕국은 오늘날 독일, 이탈리아, 프랑스의 기원이 되었다.

:: 콘스탄티누스

중세 시대 이후 로마는 르네상스의 중심지로 옛 그리스와 로마의 부흥을 이끌다가 18세기 나폴레옹의 침입을 받은 이후 다시 분열했다. 이후 이탈리아에서는 통일 운동이 일어나 이탈리아 건국 3걸로 불리는 주세페 마치니, 주세페 가리발디, 카밀로 카보우르 등에 힘입어 1861년 이탈리아 왕국으로 통일되었다.

제1차 세계대전 때 이탈리아는 연합국 측에 가담해 전승국이 되었으나 승전국임에도 별로 얻은 것이 없어서 이탈리아 국민들은 큰 불만을 가졌다. 실업과 사회 혼란이 계속되는 와중에 1922년 무솔리니의 독재 정부가 들어섰다. 이후 이탈리아는 전체국가인 독일, 일본과 삼국 동맹을 맺고 연합국을 상대로 제2차 세계대전을 일으켰으나 패전국이 되었다. 제2차 세계대전 이후 이탈리아는 1946년 이탈리아 공화국으로 재탄생했다.

이탈리아의 통일

# 항우와 유방의 초한 전쟁

## 장기판의 초나라와 한나라

로마가 지중해를 로마의 호수로 만들며 대제국 건설에 박차를 가하고 있을 무렵, 유라시아 대륙 동쪽 끝 중국 대륙에서는 한나라가 중원을 통일하고 동아시아의 맹주로 자리 잡았다. 오늘날 중국 사람을 한漢족이라고 부르는 것도 바로 한나라에서 유래한 것이다.

한나라는 초한 전쟁기원전 206~202년을 거친 뒤 비로소 제국의 길로 들어섰다. 초한 전쟁은 초나라와 한나라의 전쟁을 일컫는데, 초나라의 항우와 한나라의 유방이 대륙의 패자 자리를 놓고 벌인 전쟁을 말한다. 두 나라 가운데 전력이 우세한 쪽은 초나라였다. 초나라는 중국 역사상 가장 힘이 센 항우가 이끌던 나라였고, 한나라는 별 볼일 없는 유방이 세운 나라였다.

항우는 초나라 귀족 출신으로 중국 역사상 가장 힘이 센 장수로 통한다. 기운 센 천하장사 뭐 이쯤. 반면 유방은 시골 농민 출

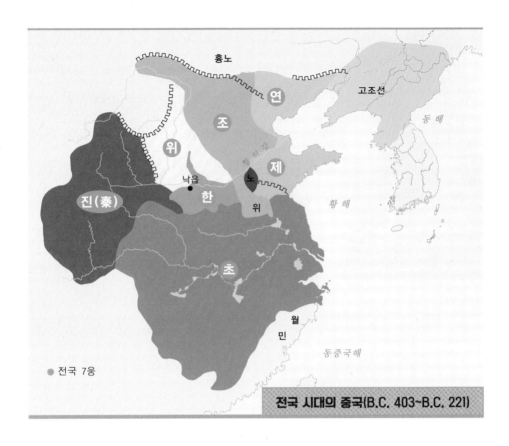

흉노

연

조

고조선

위

동 해

낙읍

진(秦)

한

제

위

황 해

황 하 강

초

월

민

동중국해

● 전국 7웅

전국 시대의 중국(B.C. 403~B.C. 221)

신의 하급 관리로, 말이 하급 관리지 실은 백수건달 신세였는데, 어찌어찌하여 항우와 자웅을 겨루는 영웅으로 성장했다. 두 사람의 대결은 유방의 승리로 끝이 났다. 도대체 어찌된 일일까.

중국은 전설의 왕조인 하나라, 상나라은나라라고도 한다, 주나라를 지나 춘추 전국 시대를 맞는다. 이때 중원은 진, 초, 제, 한, 위, 조, 연 등의 일곱 나라가 난립한 혼란한 시대였다. 이 분열의 시대를

:: 시황제

마감한 사람이 중국 최초의 제국을 건설한 시황제다<sub>기원전</sub> 221년. 대륙을 통일하고 진나라를 세운 시황제는 이제까지 쓰던 왕이라는 호칭을 버리고 황제라는 타이틀을 자기에게 붙였다. 아마 진나라가 건국한 지 15년 만에 망하지 않았다면 오늘날 중국 민족은 한족이 아니라 진족이라 불렸을지 모른다.

시황제는 전국을 군현제라는 중앙집권 체제로 정비해 황제가 파견한 관리들이 군과 현을 다스리게 했다. 그는 또 문자를 통일하고<sub>진나라가 오래 갔다면 한자도 진자로 불렸을지 모른다</sub> 화폐를 발행하고, 도량형을 통일했다. 지구상에서 가장 긴 건축물인 만리장성을 쌓은 것도 시황제이다.

만리장성은 그전부터 있던 성벽을 연결한 것에 지나지 않고, 지금의 만리장성은 명나라 때 거의 완성한 것이지만, 시황제가 흉노족의 침입에 대비해 만리장성을 쌓지 않았다면 중국이 가장 자랑하는 관광 상품은 존재하지 않았을지 모른다. 진나라의 세력이 얼마나 대단했던지 오늘날 중국의 영어식 호칭인 차이나도 진나라에서 유래한 것이다. 하지만 시황제의 시대는 그리 오래가지 못했다. 그는 강력한 법으로 나라를 다스리려 했고, 아방궁 등 무리한 토목 공사를 강행했으며, 언론의 자유를 탄압한 나머지 백

**아방궁**
중국 진나라 시황제가 기원전 212년에 세운 궁전으로 그 규모가 어마어마했다. 오늘날에는 지나치게 크고 화려한 집을 비유적으로 이르기도 한다.

성들의 원성을 샀다. 그는 진 제국의 통치 스타일에 반하는 책을
모두 불사르고, 자신을 비판하는 유생 400여 명을 산 채로 묻어
버렸다. 이것이 그 유명한 분서갱유다. 그가 죽자 여기저기서 반
란이 일어났는데 항우 가家가 대표적인 세력이었다.

:: 시황제 무덤 안의 인간 토기

## 진나라 말기 반란의 구심점이 된 항우

항우는 옛 초나라 귀족 출신이었다. 일찍이 부모를 여의고 숙
부인 항량의 손에서 자랐는데 어려서부터 힘이 세고 무예 실력이

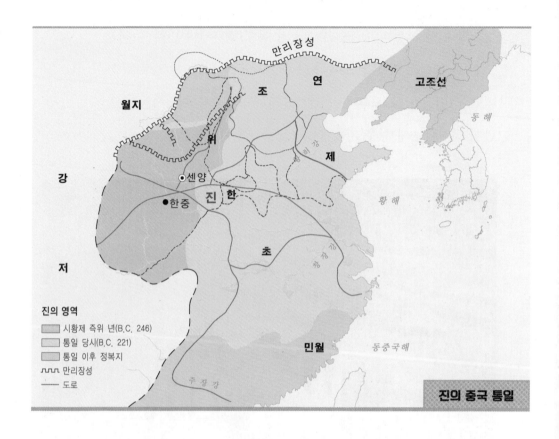

출중했다. 항량은 항우의 싹수를 알아보고 조카를 통한 재테크
계획을 세웠다. 항우와 항량의 반란군 세력이 커지자 그 밑으로
많은 사람이 몰려들었다. 그 가운데 한 사람이 유방이었다.

초나라 출신 유방은 농민 출신 하급 관리였다. 유방은 반란군이
되기 전 시골 현의 하급 관리였다. 그가 어느 날 죄수들을 이끌고
토목 공사를 하였는데 죄수들이 힘이 들다고 다 도망가는 사건이
발생했다. 유방은 처벌받을 것이 두려워 아예 반란을 일으켰다.

그렇게 오합지졸 농민들과 죄수들을 이끌고 항우의 세력 안으로 들어간 것이다.

항량은 조카인 항우의 전투력에 힘입어 점차 세력을 넓혔다. 그러더니 옛 초나라 왕족 하나를 어디서 구해다 왕으로 삼기에 이르렀다. 반란군에서 이제 어엿한 나라 꼴을 갖춘 것이다. 항량에 의해 왕이 된 회왕은 항우와 유방 가운데 누구를 중용해야 할지 고민이었다. 젊은 패기와 무력은 항우가 앞서나 유방은 항우에게 없는 부드러움과 치밀함이 있었다. 회왕은 두 사람에게 제안을 했다.

"진나라 수도 함양을 먼저 차지하는 자를 함양의 왕으로 봉하겠다."

항우는 북쪽으로 유방은 남쪽 길로 각각 함양을 향해 진격했다. 항우는 진나라 관군 격파하며 열심히 북진했다. 반면 유방은 별다른 싸움 없이 함양을 향해 나아갔다. 결과는 유방의 승리였다. 유방은 항우보다 먼저 함양 땅에 들어가 그곳을 차지해 버렸다.

항우는 한 달 뒤 함양 근처에 다다랐다. 항우가 볼 때 유방은 출신이 허접하고 힘도 없고 군대 규모도 적어 도무지 상대가 되지 않는 존재였다. 항우는 현실을 인정하고 싶지 않았다. 그에게는 정예 병사 40만 명이 있었다. 유방은 겨우 10만 명. 항우는 유방을 힘으로 제압할 수 있는 상황이었다.

　유방은 먼저 와서 함양을 차지하긴 했지만 항우가 도착하자 큰 위협을 느꼈다. 그래서 항우가 함양 근처 홍문이라는 곳에 진을 치고 자신을 그곳으로 부르자, 그곳이 호랑이의 입인 줄 알면서도 사과하는 형식으로 항우에게 가기로 했다.

## 홍문의 모임에서 유방을 제거하려는 항우

　항우에게는 범증이라는 뛰어난 참모가 있었다. 범증은 유방을 홍문으로 불러 기회를 봐서 유방을 제거하려고 했다. 잔치 자리가 마련되고 술잔이 돌았다. 항우 쪽 자객이 검무를 추기 시작하자 천막 안은 긴장감이 팽배해졌다. 항우가 명령만 내리면 춤을 추던

:: 범증

무희는 칼을 들어 유방을 내리칠 태세였다. 유방은 바람 앞에 선 촛불 신세였다. 위기의 순간, 유방의 참모인 장량이 유방의 호위 무사인 번쾌를 불렀다. 힘이 장사였던 번쾌는 항우 앞에 당당히 나가 큰 바가지로 술을 벌컥벌컥 들이켠 뒤 유방을 해하려 하는 항우를 대놓고 질책했다.

:: 항우

항우는 차마 결단을 내리지 못하고 우물쭈물했다. 항우답지 않은 태도였다. 역사가들은 이때의 항우를 우유부단하다고 평하기도 하는데, 항우는 아마 유방이 자신의 상대가 되지 않는다는 자만심에서 그랬을지도 모른다. 유방은 참모 장량과 호위 무사 번쾌의 기지와 배짱으로 그날 홍문

:: 유방

에서 탈출했다. 범증이 살려 보내서는 안 된다며 추격하려했지만 이미 때는 늦었다.

이른바 홍문의 모임홍문지회 혹은 홍문의 연이라 부르는 사건 이후 항우는 서초의 패왕이 되었다. 오늘날 항우를 초패왕이라 부르는 건 여기서 연유한 것이다. 항우는 겨우 살아 돌아간 유방을 변방 지역인 나라의 왕으로 봉했다. 이 때문에 유방을 한나라의 건국자라고 부른다.

서초 패왕이 된 항우는 진나라 수도의 궁궐과 왕릉을 파괴하

고 약탈했다. 그는 초나라 귀족 출신으로서 초나라를 멸망시킨 진나라에 복수를 하려고 했다. 유방이 함양에 들어갔을 때 진나라 왕을 그대로 살려 주고 백성들을 잘 보살펴 준 것과는 대조적인 행동이었다. 항우는 급기야 의제로 높여 부르던 회왕을 부하를 시켜 살해하는 만행을 저질렀다.

## 조선에 튄 불똥, 항우와 의제 사건

항우가 의제를 살해한 사건이 1700여 년 뒤 조선에 피바람을 불러일으켰다. 연산군 때 성종실록을 편찬하는 과정에서 실록 편찬을 맡은 김일손이 그의 스승인 김종직이 지은 '조의제문'을 실록에 넣으려 했다. 조의제문이란 항우에 의해 살해된 의제를 추모하며 애도한 글인데, 조의제문을 통해 수양대군 세조가 조카 단종을 죽이고 왕위를 찬탈한 것을 간접적으로 비판하려 한 것이었다. 당시는 세조 때부터 득세하기 시작한 훈구파와 유학자인 사림 세력이 대립하고 있었다. 사림의 거두 김종직이 지은 조의제문을 실록에 넣으려 하자 훈구파가 연산군에게 그 사실을 일러바쳤다. 연산군은 할아버지인 세조를 비판하는 그 글에 분개해 조의제문을 실록에 넣으려는 김일손을 처형하고, 이미 죽은 김종직의 시신을 관에서 꺼내 목을 자르는 부관참시를 시행했다. 아울러 다른 사림들도 처형하거나 유배 보냈다. 1498년 벌어진 이 사건을 무오년에 사림이 화를 입은 사건이라 하여 무오사화라 부른다.

:: 김종직

중원에서 밀려나 한나라 왕으로 있던 유방은 항우가 의제를 살해하자 신하가 황제를 시해하고 권력을 찬탈했다며, 그것을 구실로 항우를 공격했다. 하지만 그건 구실일 뿐 실은 유방이 차지한 땅이 척박해서 유방이 이에 불만을 품고 군사를 일으킨 것이다. 그즈음 유방뿐 아니라 다른 여러 제후국의 왕도 항우에 대항해 반란을 일으켰다.

## 초한 전쟁의 시작과 끝

기원전 206년부터 202년까지 펼쳐진 초패왕 항우와 한나라 왕 유방의 싸움. 이것을 초한 전쟁이라 부른다. 초한 전쟁은 오늘날 장기로 남아 있다. 힘과 전력이 우세했던 항우지만 결국 유방의 한나라에 패해 장기에서도 한漢 나라 쪽이 상수가 된다.

그럼 변방에 처박혀 있던 유방은 어떻게 초패왕 항우를 이겼을까? 유방에게는 뛰어난 장수가 있었다. 그는 원래 항우의 부하 장수였는데 항우는 출신이 비천한 그를 거들떠보지 않았다. 그가 바로 유방에게로 가서 항우를 제압하는 데 가장 큰 공을 세운 한신이다. 한신이 이끄는 군대가 함양을 기습 점령하자 여러 각지의 제후국이 일으킨 반란을 진압하던 항우가 급히 말머리를 돌려 유방 군대를 공격했다. 결과는 항우 군대의 승리였다.

원래 정면으로 맞붙으면 항우에게 상대가 되지 않는 한나라 군대였기에 별로 이상할 것이 없었다. 항우의 반격으로 한나라 군

상수
남보다 뛰어난 수나 솜씨. 또는 그런 수나 솜씨를 가진 사람

대는 연전연패했고, 유방도 여러 차례 죽을 고비를 넘겼다. 그 사이 유방의 아버지와 부인이 항우에게 포로로 붙잡혔다.

가까스로 살아남은 유방은 각지에 흩어진 병사들을 모아 항우를 공격했는데, 전면전보다는 주로 게릴라전을 구사했다. 정면 승부를 원하던 항우는 유방에게 여러 군사와 백성들 고생시키지 말고 둘이 만나 결판을 내자고 제의했으나 유방은 머리로는 싸워도 힘으로는 싸우지 않겠다며 항우의 화를 돋우었다. 포로로 붙잡힌 유방의 아버지를 죽이겠다고 해도 유방은 눈 하나 깜짝하지 않았다. 그러자 항우는 유방에게 점령 지역을 나누기로 하고 포로를 돌려주며 휴전을 제안했다. 유방이 휴전 제의를 받아들여 둘 사이는 휴전에 들어갔다.

그러나 유방은 휴전 협정을 깨고 항우 군대를 기습 공격했다. 수십 만 대군으로 항우 군대를 공격하자 초나라 군대가 밀리기 시작했다. 한나라 장수 한신은 항우를 해하(안휘성)까지 밀어붙였다. 해하에서 한나라 군대는 항우를 포위한 채 병사들에게 초나라 노래를 부르게 했다.

사방에서 초나라 노래가 들려오자 고향을 그리워하는 초나라 장수들이 잇따라 전선을 이탈하기

게릴라전
적의 배후나 측면을 소규모의 유격대가 기습·교란·파괴하는 전투

:: 한신

시작했다. 항우는 탄식했다.

"어느새 고향 사람들까지 한나라의 병사가 되었단 말인가?"

사면초가. 하지만 항우는 항복하지 않고 수십 만 한나라 군대의 포위를 뚫고 고향을 향해 달렸다. 오강이라는 강가에 이르자 항우는 남은 병사를 이끌고 한나라 군대와 맞서 싸웠다. 고향으로 도망가자고 권하는 부하도 있었다. 하지만 항우는 많은 부하를 잃고 살아 돌아간다 해도 자신 스스로를 용서할 수 없다며 거부했다.

항우는 강가에서 자신의 애첩 우희와 애마 추를 보며 시를 지어 불렀다.


힘은 산을 뽑을 만하고 기운이 세상을 덮건만

때가 불리하니 추도 달리지 않는구나.

추가 달리지 않으니 내 어찌하랴

우희여, 우희여, 너를 어찌할까?


##  유방이 항우를 이긴 이유

시를 마친 항우는 그 자리에서 칼로 자결했다. 이로써 5년을 끌던 초한 전쟁은 항우의 패배로 끝이 나고 만다.

이제 다시 처음의 질문으로 되돌아가 보자. 별 볼일 없던 유방은 어떻게 중국 역사상 가장 힘세고 용맹한 항우 군대에게 승리할 수 있었을까? 당사자들의 힘은 물론이려니와 객관적인 전력은 항우 쪽이 단연 우세했다. 그러나 항우는 자신의 힘을 너무 믿었다. 부하의 말을 잘 듣지 않았고 의심이 많았다. 참모였던 범증조차 의심해 내쳤다. 이것이 뼈아픈 실수였다. 범증이 홍문의 모임에서 유방을 제거하라고 건의했을 때 말을 듣지 않았다. 그때 유방을 제거했더라면 결과는 달라졌을 것이다. 또한 항우는 지나치게 잔인했다는 평가를 받는다. 항복한 진나라 병사 20만 명을 산채로 묻어 죽이기까지 했다. 게다가 그는 의제를 죽이고 황제 자리를 찬탈해 여러 제후국 왕들의 공분을 샀다.

유방은 어떠했을까? 항우의 생각대로 유방은 보잘 것 없는 신분에 오합지졸 군대를 거느리고 있었다. 그러나 그에게는 사람을 부릴 줄 아는 용인술이 있었다. 뛰어난 지략가 장량과 살림꾼 소하, 그리고 맹장 한신이 유방을 도왔다. 유방은 머리와 힘을 빌릴 줄 알았고, 그들의 말에 귀 기울일 줄 아는 아량이 있었다. 이런 이유들로 유방은 자신보다 힘과 전력이 우세한 항우와 싸워 승리 했다.

초한 전쟁에 승리한 유방은 진시황이 시행했던 군현제와 진나라 이전 봉건제를 섞어 제국을 다스렸다. 핵심 지역은 자신과 친족이 다스리고 먼 변경은 제후국에 맡겼다. 한나라는 진나라를 이은 중국 역사상 두 번째 통일 왕조이며, 400여 년을 이어오며 중국 민족을 대표하는 나라가 되었다.

## 한나라 건국 3걸 장량, 소하, 한신

열세였던 유방이 초패왕 항우를 이기고 한나라 제국을 건설할 수 있었던 데는 유방의 핵심 참모인 장량, 소하, 한신의 힘이 컸다. 뛰어난 지략가였던 장량은 홍문연에서 유방이 죽을 위기에 처했을 때 지략을 발휘해 유방을 구했다. 훗날 당나라 태종이 여러 차례 고구려를 침공하고도 정복하지 못한 채 부상당해 돌아왔는데, 그때 당 태종은 "내게 장량이 있었다면 고구려 원정을 말려 괜한 개고생 안하게 했을 것이다."라며 유방에게 장량 같은 참모가 있는 걸 부러워했다. 훗날 사람들은 유방이 장량을 부린 게 아니라 장량이 유방을 통해 한나라를 세운 것이라고까지 장량을 높이 평가했다. 소하는 유방이 살던 현의 관리였는데 반란을 일으켜 유방을 현령으로 세웠다. 이후 유방 군대의 살림살이를 도맡았으며 군수 물자 보급에 탁월한 공을 세웠다. 소하는 전쟁이 끝난 뒤 전장의 장수들보다 높은 일등공신에 봉해졌으며 한나라 건국 후에도 내정 일체를 맡아 유방을 도왔다. 장량과 함께 한신을 적극 추천한 것도 소하였다. 한신은 원래 항우의 부하였으나 푸대접을 받자 장량의 권유로 유방의 부하가 되었다. 초한 전쟁을 결정지은 하해 전투에서 항우를 제압해 전쟁을 승리로 이끄는 데 큰 공을 세웠다. 이후 역모 사건에 휘말려 처형당하는데, 토끼 사냥이 끝나면 사냥개를 잡아먹는다는 토사구팽을 인용해 자신의 심경을 토로한 것으로 유명하다.

# 한나라 이후의 2000년 중국사

한나라는 기원전 202년부터 멸망할 때인 서기 220년까지 약 400년 동안 제국을 이어 갔다. 이 기간 동안 한나라는 서양의 로마 제국과 쌍벽을 이루는 시대를 영위했다. 유학이 통치 이념으로 자리 잡아 중국이 유교 나라가 되는 바탕이 되었다. 오늘날 중국 민족을 일컫는 한족, 중국 문자인 한자도 한나라에서 연유한다.

그러나 어느 나라나 망하려면 망할 조짐이 나타나는 법. 한나라 말기에 이르자 환관들이 멍청한 황제를 손바닥에 올려놓고 국정을 농간하는 일이 벌어진다. 정치가 타락하고 부패하여 나라가 망할 위기에 처하자 여기저기에서 농민 반란이 일어나 수습할 수 없는 지경에 이른다. 결국 220년 한나라가 망하고 조조, 유비, 손권이 패권을 겨루는 삼국 시대가 펼쳐진다.

조조의 위나라와 유비의 촉나라 손권의 오나라가 자웅을 겨루던 삼국 시대는 280년 사마염이 세운 진나라에 의해 통일된다. 하지만 진나라도 오래가지 못하고 중국은 대분열의 시대로 접어든다. 삼국 시대 이후의 중국을 위진 남북조 시대라 부르는데, 이때 중국 남쪽은 한족이 세운 나라가 들어서고, 북쪽은 소위 5호 16국이라는 여러 나라가 난립하는 혼란기가 이어진다.

이러한 분열은 589년 수 문제가 중국을 통일할 때까지 계속된다. 중국을 통일한 수나라는 오래가지 못하고 618년 당나라에게 멸망당한다. 당나라는 약 3백 년 동안 제국을 이어 갔는데, 당 태종은 옛 한나라 때 영광을 되찾기 위해 안팎으로 노력해 강한 나라를 만들었다. 당 태종은 고구려를 수차례 침입해 우리 민족을 어려움에 빠뜨렸는데 결국 그의 아들 고종 때 이르러

고구려와 백제가 나당 연합군에게 멸망당하고 신라가 삼국을 통일하는 데 영향을 미쳤다.

그러나 당나라도 내부 반란으로 무너지고 뒤를 이어 송나라가 들어선다. 송나라는 여진족이 세운 금나라에 밀려 남쪽으로 내려가고, 금나라는 몽골에 의해 밀려나 중국 대륙은 몽골이 차지하는 원나라 시대를 맞는다. 원나라 이후 한족 출신의 주원장이 명을 건국하고 원을 몽골 초원으로 몰아내는 데 성공한다. 조선과 밀접한 관계를 유지하던 명나라는 임진왜란 때 조선군을 도와 참전했다가 국력이 쇠하여 만주에서 일어난 청나라에 의해 멸망한다. 청나라는 200여 년 동안 중국 대륙을 통치하다가 서양 세력이 밀어닥친 19세기 급격하게 힘을 잃고 1912년 신해혁명을 계기로 제국의 문을 닫는다.

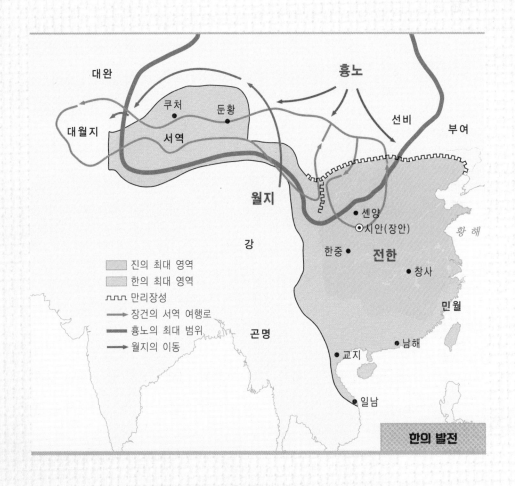

한의 발전

# 십자군 전쟁
## 하느님의 이름으로 전쟁!

유럽을 지배했던 로마 제국은 395년 동로마 제국과 서로마 제국으로 분열한다. 이후 서로마 제국은 게르만 용병 출신의 오도아케르에 의해 멸망한다. 비잔티움 제국으로도 불리는 동로마 제국은 1453년 이슬람 세력에 멸망당할 때까지 1천 년 역사를 이어간다.

로마가 동서로 분열하기 전인 4세기 초 로마 황제 콘스탄티누스는 기독교를 공인한다. 이후 기독교는 헬레니즘과 함께 서구 문화의 바탕을 이루게 되는데, 이 종교는 종교와 문화뿐만 아니라 세계사의 흐름에도 중대한 영향을 끼친다. 그 가운데 하나가 바로 기독교를 믿는 유럽 사회와 서아시아의 이슬람 세력이 벌인 십자군 전쟁이다.

십자군 전쟁은 11세기 말에 시작해 13세기까지 약 200년 넘게 이어졌다. 전쟁을 일으킨 유럽의 기독교도들은 이슬람 세력에 빼

**기독교**
예수 그리스도의 인격과 교훈을 중심으로 하는 종교. 천지 만물을 창조한 유일신을 섬기고, 그 독생자 예수 그리스도를 구세주로 믿는다. 11세기에 그리스 정교회가 갈려 나간 후, 로마 가톨릭교회는 다시 16세기 종교 개혁에 의하여 구교와 신교로 분리되어 현재 세 교회로 나뉘어 있다. 우리나라에서는 특이하게도 신교를 기독교라 칭하는데 엄밀히 말하면 잘못된 것이다.

:: 십자군을 모집하는 우르바누스 2세

앗긴 성지 예루살렘을 되찾는다는 명분으로 전쟁을 일으켰다. 하지만 그 전쟁은 단순히 종교적인 이유 때문에 벌어지진 않았다. 그렇다면 십자군 전쟁이 일어난 또 다른 이유는 무엇일까?

전쟁이 일어나기 직전 로마로 가 보자. 교황 우르바누스 2세는 1095년 클레르몽 회의에서 십자군 전쟁의 포문을 여는 연설을 했다.

"기독교도 여러분, 신성한 땅 이스라엘이 지금 무슬림에게 능욕당하고 있습니다. 서유럽의 왕들은 서로 싸우지 말고 힘을 합쳐 우리의 성지를 탈환해야 합니다. 이 전쟁은 성전이 될 것입니다. 여러분이 이 전쟁에서 죽는다면 죄를 용서받고 천국에 갈 수 있습니다. 자, 죄 있는 사람들은 어서 전쟁터로 나가 싸웁시다."

무슬림
이슬람교도를 가리키는 말로, '절대 순종하는 사람'이라는 의미를 지니고 있다.

오늘날 십자군 전쟁을 비판적으로 보는 사람들 중 일부는 이교도들을 죽인 십자군의 행동은 옳지 않았지만 십자군 전쟁의 의도는 순수했다고 말한다. 십자군 전쟁이 과연 순수한 전쟁이었는지는 당시 전쟁이 벌어진 상황을 파악하면 자연스레 알 수 있다.

십자군 전쟁이 시작된 11세기 유럽과 서아시아의 정치 상황은 이랬다. 서유럽에는 기독교 국가들, 예를 들면 오늘날의 영국, 프랑스, 독일, 이탈리아 등이 있었고, 그리스와 동유럽 땅에는 역시 기독교를 믿는 동로마 제국이, 그리고 서아시아에는 이슬람 세력이 있었다. 이들 이슬람 세력이 예루살렘을 비롯한 시리아와 소아시아를 점령하고 오늘날 터키 동부에 있던 말라즈기르트에서 비잔티움 군대를 격파한 일이 있었다.

그곳에서 가까운 콘스탄티노폴리스를 근거지로 하는 비잔티움 제국은 위기감을 느꼈다. 그래서 서유럽 왕들에게 이슬람 세력인 셀주크튀르크 군대를 막아 달라며 도움을 요청했다. 그러자 교황 우르바누스2세가 성지를 되찾자며 전쟁을 부추겼다. 앞서 소개한 연설은 이런 맥락에서 나온 것이다. 교황은 예루살렘 성지를 되찾아 기독교인들이 자유롭게 성지 순례를 할 수 있게 해야 한다고 주장했다.

## 🏇 십자군 전쟁의 숨은 의도

교황 우르바누스 2세가 내세운 명분이 그럴 듯 했는지 서유럽은 금세 전쟁 분위기로 달아올랐다. 너도나도 전쟁에 나가겠다고 나서는 바람에 원정군에게 입힐 군복이 모자라 집에서 대충 만든 옷에 십자가 모양의 수를 놓은 옷을 입고 나갈 정도였다고 한다.

그런데 교황이 내세운 명분에는 문제가 조금 있었다. 잃어버린 성지를 되찾자는 것이었지만 이스라엘은 기독교의 성지만이 아니라 유대교, 기독교, 이슬람교의 공동 성지였다. 그리고 당시 이스라엘을 차지하고 있던 셀주크튀르크는 기독교도들이 이스라엘을 순례하는 것을 그다지 방해하지 않았다. 그러니 잃어버린 성지를 되찾자는 교황의 명분은 그야말로 명분일 뿐이었다. 진짜 이유는 교황의 힘을 강화하려는 데 있었다. 당시 서유럽은 교황과 황제가 심심치 않게 권력 다툼을 벌였다. 어느 때는 황제의 힘이 더 셌다가 또 어느 때는 교황의 권한이 더 강하기도 했다. 이런 갈등을 잘 보여 주는 사건이 바로 1076년 일어난 카노사의 굴욕 사건이다.

## 교황이 황제에게 "꿇어!" 카노사의 굴욕 사건

1076년 신성 로마 제국 황제 하인리히 4세는 교황과 권력 다툼을 벌이다가 황제에서 폐위될 운명에 처하자 자신이 폐위되는 것을 막기 위해 이탈리아의 카노사 성에 머물던 교황을 방문했다. 교황은 성문을 열어 주지 않았고, 그 때문에 황제 하인리히는 사흘 동안 눈 속에서 굴욕적으로 교황에게 용서를 빌었다. 결국 교황이 하인리히를 용서하는 것으로 사건은 일단락되었다. 십자군 전쟁은 이 사건이 있은 지 20여 년 뒤 시작되었다.

**신성 로마 제국**
962년 독일의 오토 1세가 로마 교황으로부터 대관을 받은 때부터 1806년 프란츠 2세가 나폴레옹에게 패하여 제위에서 물러날 때까지의 독일 제국의 정식 명칭. 영토는 오늘날의 독일, 오스트리아, 이탈리아 북부에 이르렀다.

∷ 카노사의 굴욕

카노사의 굴욕 사건은 교황과 황제의 힘겨루기가 얼마나 흥미진진하게 펼쳐졌는지를 보여 주는 사건인 동시에 교황의 권위가 얼마나 대단했는지를 보여 주는 사건이었다. 교황 우르바누스 2세는 십자군 전쟁을 통해 이러한 교황의 권위를 더더욱 강화할 셈이었다.

십자군 전쟁에는 또 다른 이유가 있다. 당시 서유럽은 농업 생산력이 늘어나면서 인구도 함께 증가했다. 그들은 늘어나는 인구를 먹여 살릴 땅이 필요했다. 이 때문에 나라마다 크고 작은 전쟁을 치러야 했으며 전쟁으로 인한 경제 문제를 해결하느라 골머리를 앓고 있었다. 바로 그때 비잔티움 제국에서 도와 달라는 요청이 왔고, 교황 우르바누스 2세는 이러한 서유럽의 내부 문제를 해결할 방법으로 십자군 원정 계획을 세웠다. 겉으로는 성지를 되찾자는 명분을 내세우고서.

## 제1차 원정군의 이스라엘 점령

잃어버린 성지를 되찾자는 명분을 내걸고 원정군을 모집하자 땅이 없어 빌빌거리던 기사들과, 정말 전쟁터에 나서면 죄를 용서받고 천국에 갈 수 있다고 생각한 지나친 신앙의 소유자들과, 미지의 땅에서 한몫 잡아보려는 투기꾼들이 원정군에 가세했다.

정식 십자군이 원정에 나서기 전인 1095년 한발 앞서 원정에 나섰던 군중 십자군소작농 부대은 튀르크군에게 거의 전멸당했다. 그 뒤 1096년 유럽 각국의 왕족과 귀족들이 제법 군복과 무기를 갖추고 원정에 나섰는데, 이들을 제1차 십자군이라 부른다. 제1차 십자군 원정대의 규모는 기사 3000명과 보병 1만여 명.

십자군은 콘스탄티노폴리스를 거쳐 니케아 제국을 점령하고 예루살렘의 관문이라 할 수 있는 에데사와 안티오크를 접수했다. 그리고 마침내 1099년 예루살렘을 점령했다. 예루살렘을 점령하

:: 십자군 전쟁

는 과정에서 십자군이 보여 준 만행은 과연 이들이 그리스도를 믿는 사람인지 의심이 들 정도로 무자비했다. 이들은 적군뿐 아니라 성안에 있는 민간인과 같은 기독교인들까지 무참히 학살했다. 당시 전쟁에 참여했던 한 병사는 "이스라엘에 입성한 십자군 병사들은 솔로몬 신전까지 들어가 무슬림을 모두 죽였다."고 고백했다. 그는 또 "십자군 병사들은 복사뼈가 피에 잠길 정도로 대학살을 자행했다."고 털어놓았다.

제1차 십자군은 성지를 탈환하고 소아시아에서 이스라엘에 이르는 지역에 네 개의 십자군 왕국을 세웠다. 당시 이슬람 세력은

:: 예루살렘을 정복한 십자군

내부 분열과 지도자 부재 때문에 십자군에게 패하고 말았다. 하지만 1127년 지도자 이마드 에든 딘 잔기가 이슬람 세력을 규합하면서 시리아 북부를 탈환하고, 1144년에는 에데사를 되찾았다. 이에 위기를 느낀 서유럽은 제2차 십자군 원정대를 조직했다.

## 🐎 십자군 전쟁의 성패를 가른 하틴의 뿔 전투

제2차 십자군 원정은 실패였다. 이슬람 지도자 누르 에드 딘은 십자군 원정대를 제압하고 내친 김에 이집트까지 진출했다. 그의 후계자 살라딘은 기독교의 교황에 해당하는 칼리프에 오른데 이어 황제에 해당하는 술탄이 된 뒤 십자군 원정대와 전쟁을 벌였다.

그는 1187년 예루살렘과 다마스쿠스 중간 지점인 이른바 하틴의 뿔에서 십자군 원정대를 만났다. 하틴의 뿔 언덕에서 펼쳐진 전투에서 살라딘은 십자군을 포위하고 비 오듯 화살을 퍼부어 댔다. 십자군도 필사적으로 이슬람군과 싸웠다. 치열한 공방전이 이어지는 가운데, 용맹한 이슬람 군사 하나가 십자군 진영을 뚫고 들어가 주교를 죽이는데 성공했다. 그러자 살라딘의 군사들은 사기가 하늘을 찌를 듯 높아졌고, 십자군 병사들은 전투 의욕을 상실하고 말았다.

하틴의 뿔 전투에서 승리한 살라딘은 두 달 뒤 이스라엘을 정복해 빼앗겼던 성지를 되찾았다. 이슬람군에 패한 십자군은 제3차 십자군 원정대를 조직했다. 이번 원정대는 서유럽 최고 정예부대로 원정대를 꾸렸다. 잉글랜드에서 사자왕이라 불리는 리처드 1세가 나서고, 프랑스는 존엄왕 필리프 2세, 신성 로마 제국은 프리드리히 1세가 원정에 나섰다. 먼저 출발한 프리드리히 1세가 소아시아에서 뜻하지 않게 사망했으나, 이에 굴하지 않고 리처드 1세와 필리프 2세는 함께 이스라엘로 진격했다. 두 사람은 1191년 이스라엘 근처까지 밀고 들어갔지만 분열이 일어나 필리프 2세는 고국으로 돌아갔다. 그러자 리처드 1세도 귀환하기 위해 살라딘

:: 살라딘에 패배한 십자군

과 협상을 벌였다.

"우리 기독교도들이 자유롭게 성지를 순례할 수 있게 해 준다면 내가 너그럽게 돌아가 주겠다."

이에 살라딘은 너그럽게 제안을 받아들였고, 리처드 1세는 돌아갔다.

십자군은 그 후로도 7차까지 원정을 시도했지만 성지 탈환에 실패하고 예루살렘은 약 800년 동안 이슬람 세력의 점령 아래 있게 된다.

십자군 전쟁

십자군의 원정로
→ 제1차(1096~1099)
→ 제 2차 (1147~1149)
→ 제 3차 (1189~1192)
→ 제4차(1202~1204)

폴란드
왕국

러시아
제국

헝가리
왕국

라틴 제국 성립
(1204)

콘스탄티노폴리스

비잔티움 제국

안티오크

트리폴리

예루살렘

예루살렘 왕국 성립
(1099)

## ♞ 십자군 전쟁 결과-중세 유럽의 몰락

십자군 전쟁은 유럽 입장에서는 원정이지만 이슬람 세력이 볼 땐 침략이었다. 그 전쟁이 치러지는 동안 기독교라는 이름을 더럽히는 많은 일들이 벌어졌다. 그 가운데 압권은 제4차 십자군 원정 때 벌어진 소년 십자군 사건이다.

소년 십자군 사건은 신의 계시를 받았다는 어느 양치기 소년에서 비롯되었다. 그 소년을 따라 수천 명의 소년들이 이스라엘 원정에 나섰다. 그들은 이스라엘에 도착하기도 전에 배에서 폭풍을 만나 죽고, 일부는 이집트에서 노예로 팔려 갔다.

200년 동안 이어진 십자군 원정은 실패로 끝났다. 전쟁이 가져온 결과는 무척 주목할 만하다. 먼저, 교황의 힘이 약화되었다. 교황이 나서서 전쟁을 벌였다가 실패했으니 권위가 떨어진 건 당연하다. 반대로 유럽에서 왕의 권력은 강화되었다.

또 하나, 십자군 원정에 나섰던 봉건 기사들도 몰락하였다. 봉건 기사의 몰락은 물론 화약 무기인 총과 대포가 등장하면서 창과 칼을 주 무기로 삼던 중세 기사가 더 이상 힘을 발휘하지 못한 원인도 있다.

십자군 원정은 또한 동서양 세력 사이의 교류가 활발해 지는 결과를 낳았다. 십자군이 예루살렘을 점령하는 동안 유럽과 서아시아를 오가는 상인들이 무역을 벌였기 때문이다. 이런저런 결과가 합해져 십자군 전쟁 이후 유럽 세계는 교황의 권위가 약해지고 왕의 권위가 강해져 점차 중앙 집권 국가의 기반을 갖추게 되었다.

## 전쟁과 종교의 함수 관계

십자군 전쟁은 종교 전쟁이었다. 속내는 아니라 할지라도 명분은 그랬다. 십자군 전쟁 이후에도 종교를 구실 삼아 많은 전쟁이 일어났다. 그 가운데 대표적인 종교 전쟁이 30년 전쟁이다(1618~1648년). 30년 전쟁은 당시 독일 연방인 신성 로마 제국에 속한 프라하에서 신교도들이(로마 가톨릭에 대항해 만든 개신교) 반란을 일으키면서 시작되었다. 전쟁이 시작되자 개신교 국가인 네덜란드와 스웨덴이 참여하고, 구교인 가톨릭교도를 돕기 위해 에스파냐가 참전했다. 프랑스는 구교 국가였지만 에스파냐와 경쟁 관계여서 독일 내 신교를 지원했다. 구교와 신교 세력은 30년 동안 싸움을 벌였다. 이 전쟁으로 전쟁의 무대였던 독일은 황폐화되고, 독일 국민의 3분의 1이 목숨을 잃었다. 30년 전쟁 결과 1648년 베스트팔렌 조약이 체결되어 프랑스는 신성 로마 제국의 알자스와 로렌 지방을 얻었고, 스웨덴은 발트 해 패권을 장악했다. 또한 에스파냐의 식민지였던 네덜란드가 독립하고, 스위스도 오스트리아로부터 독립해 오늘날 유럽의 국경선이 형성되었다.

# 전쟁 이후의 역사

# 이라크 전쟁이 제2의 십자군 전쟁?

2003년 3월 미국의 조지 W. 부시 대통령은 이라크 전쟁을 시작하면서 '제2의 십자군 전쟁'이라고 선포했다. 이에 이라크의 사담 후세인 대통령은 이번 전쟁은 '지하드(성전)'라고 맞받았다. 미군의 침공으로 시작된 이라크 전쟁은 이렇듯 기독교 세력과 이슬람 세력이 충돌한 종교 전쟁처럼 보이지만 실제로 대단히 복잡한 배경을 깔고 있다.

미국은 이라크가 보유 중인 재래식 대량 살상 무기가 중동의 평화와 세계 안보를 위협하기 때문에 그것을 제거한다는 명분으로 이라크를 공격했다. 미군은 최첨단 전투기를 이라크로 보내 바그다드 군사 시설을 거의 파괴하고 사담 후세인 독재 정권을 무너뜨려 전쟁 목표를 달성했다. 하지만 애초 전쟁 명분으로 삼았던 대량 살상 무기를 발견하는 데는 실패했다. 그래서 많은 사람들은 미국이 석유 때문에 전쟁을 일으킨 게 아닐까 하고 의심했다. 전 세계 석유 소비량의 4분의 1을 차지하는 미국이 그들의 말을 고분고분하게 듣자 않는 이라크의 후세인을 제거하고 안정적으로 석유를 확보하기 위해서라고 말이다.

:: 조지 W. 부시

미군은 대량 살상 무기를 제거하는 데는 실패했지만, 애초에 그것이 목표도 아니었지만, 후세인 정권을 무너뜨려 안정적으로 석유를 확보하는 데는 성공한 것처럼 보였다. 그러나 이라크 전쟁 이후에 그곳에서 벌어진 상황은 미국과 전 세계를 충격과 공포에 빠뜨리기에 충분했다.

2011년 미국은 전쟁을 끝내고 이라크에서 미군을 철수

시켰다. 9·11테러의 배후로 지목된 알카에
다의 지도자 오사마 빈 라덴도 제거한 터
라 미군을 희생시키며 더 이상 이라크에
남아 있을 이유가 없었다. 그런데 미군이
물러난 이라크에서 이슬람 종파인 시아
파와 수니파의 갈등이 격렬해 지는 가운
데 알카에다보다 더 강력하고 잔혹한 수
니파 이슬람 극단주의 무장 단체가 등장
했다. 이들이 바로 이슬람 시아파와 기독
교도, 그리고 외국인 인질을 살해하는 장
면을 인터넷으로 중계해 전 세계 사람을
경악하게 만든 이슬람 국가, 즉 아이에스
(IS)라는 조직이다.

∷ 이라크 전쟁

∷ IS

IS는 이슬람 무장 단체 알카에다의 이라크 지부에서 출발했는데, 현재 이들은 이라크와 시
리아 일부 지역을 점령하고 이슬람 국가를 선포한 상태다. IS는 이라크 전쟁 이후 이라크의 혼
란과 이웃 나라 시리아에서 벌어진 내전의 혼돈 속에서 세력을 성장시켰다. 이들은 석유를 팔
아 마련한 풍부한 군자금과 예전에 이라크에 미군이 지원해 준 무기를 빼앗아 상당한 군사력
을 갖춘 것으로 알려진다. IS가 내세운 목표는 초기 이슬람 사회를 복원하는 것이라지만, 실제
로는 이라크 전쟁 이후 미국에 빼앗긴 이라크 정권을 탈환하는 것이 목표인 것으로 알려졌다.

이라크에서 철수한 이후 중동 문제 개입을 자제해 오던 미국은 2014년 IS를 제거하기 위한
군사 개입을 선언했다. 10여 년 전 제2의 십자군 전쟁이라며 시작한 이라크 전쟁이 결국 IS라
는 괴물이 탄생하는 배경이 되었다. 또한 그 괴물을 잡기 위해 미국은 또 다시 중동의 사막으
로 전투기를 파견하는 악순환을 되풀이하고 있다.

# 몽골의 정복 전쟁

### 동아시아 끝에서 유럽까지 최대 영토 지배

서유럽 기독교도와 서아시아 이슬람 세력이 십자군 전쟁을 벌이고 있을 때, 유라시아 대륙 동쪽 끝 동아시아에서는 북방 유목 민족이 몽골 대제국 건설에 박차를 가하고 있었다. 몽골 초원에서 태어난 칭기즈 칸은 날랜 기병을 이끌고 다니며 가는 곳곳마다 승리하여 13세기 세계 지도를 바꾸어 놓았다.

그의 손자 쿠빌라이 칸은 중국 대륙을 석권하고 원나라를 세워 중국을 정복한 최초의 유목 민족이 되었다. 가장 빠른 시간 동안 가장 큰 제국을 건설한 몽골, 그들의 저력은 어디서 나온 것일까?

엉덩이에 몽골 반점을 새기고 태어나는 우리 민족에게 몽골은 그다지 좋은 기억으로 남아 있지 않다. 1231년 침입을 시작으로 30년 가까이 수차례 고려를 침공해 우리 민족을 괴롭혔기 때문이다. 우리뿐 아니라 유럽인에게도 몽골은 공포의 대상이었다. 5세기에 유럽을 마음껏 짓밟았던 훈족 출신의 아틸라보다 유럽인들에게는 몽골군이 더 무자비한 이미지로 남아 있다.

몽골인은 초원을 떠돌며 말과 양을 기르는 유목 민족이었다. 이동 천막에서 먹고 자며 변변한 도시나 웅장한 성 하나 없던 그들이 어떻게 인류 역사상 가장 큰 제국을 건설할 수 있었을까?

그 해답은 몽골 제국의 창업자 테무친에게서 찾을 수 있다. 부족장의 아들로 태어난 테무친은 아홉 살 때 이웃 부족인 타타르 부족에게 아버지가 독살되는 바람에 가난한 어린 시절을 보냈다. 그의 부족은 뿔뿔이 흩어졌고, 테무친은 케레이트 부족에 들어가 살아야 했다.

테무친은 훌륭한 어머니의 가르침 아래 복수의 꿈을 키웠다. 그는 먼저 케레이트 부족 안에서 점차 세력을 키워 자기 부족인 보르지기드 족을 통합했다. 이어 1201년 자다다란 부족의 자무카를 격파하고, 1203년 타타르와 케레이트 부족을 토벌해 마침내 1206년 몽골 초원을 평정했다. 테무친, 그가 바로 몽골 제국을 세계사에 화려하게 등장시킨 칭기즈 칸이다. 칸이란 몽골 초원 유목 국가의 군주를 일컫는 말이다.

:: 칭기즈 칸

## 🐎 만리장성을 넘고 사막을 건너다

칭기즈 칸은 가끔 만리장성을 넘어와 중국을 괴롭히던 다른 북방 민족과 뭔가 다른 게 있었다. 그것은 중국을 통일하고 거기서 더 나아가 동서남북으로 갈 데까지 가 보는 것이었다.

어느 날 칭기즈 칸은 푸른 초원 위에 설치한 겔에서 작전 참모들에게 지도를 펼쳐 보이며 말했다.

"이게 뭔 줄 아는가? 앞으로 우리가 정복할 땅이라네."

칭기즈 칸이 첫 번째로 가리킨 땅은 중국 북부 지역에 있는 서하였다. 칭기즈 칸의 군대는 초원의 불길처럼 빠르게 서하를 정복했다1209년. 뒤이어 만리장성을 넘어 중국 동북부를 차지하고 있던 금나라를 공격하기 시작했다. 1214년 몽골군은 금나라 성을 포위하고 장대비처럼 많은 화살을 퍼부어 댔다. 하지만 들판을 휘몰아치며 적을 공격하는 방식에 익숙한 유목민에게 성을 공격하는 일은 쉽지 않았다. 결국 칭기즈 칸은 성을 함락시키지 못하고 물러나야 했다. 그러나 위대하고 잔인한 정복자들이 그렇듯이 칭기즈 칸은 쉽게 포기하지 않고 1215년 다시 금나라를 침입해 수도 베이징을 무자비하게 약탈했다.

칭기즈 칸은 금나라를 중국 남쪽으로 밀어낸 뒤 말 머리를 서쪽으로 돌렸다. 힘이 약해진 금나라를 잠시 놓아두고 중앙아시아

**겔**
몽골의 전통 가옥

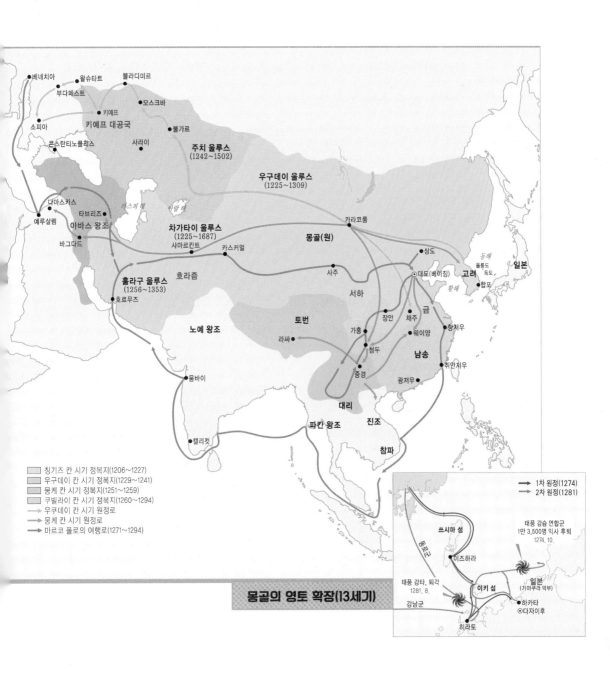

몽골의 영토 확장(13세기)

베네치아
왈슈타트
블라디미르
부다페스트
모스크바
키예프
소피아
키예프 대공국
불가르
콘스탄티노플리스
사라이
주치 울루스
(1242~1502)
우구데이 울루스
(1225~1309)
다마스카스
카스피 해
아랄 해
타브리즈
아바스 왕조
차가타이 울루스
(1225~1687)
몽골(원)
카라코룸
예루살렘
바그다드
사마르칸트
카스커얼
상도
동해
울릉도
독도
일본
홀라구 울루스
(1256~1353)
호라즘
사주
대도(베이징)
고려
합포
황해
호르무즈
서하
금
노예 왕조
토번
장안
채주
웨이양
창저우
남송
뭄바이
라싸
가흥
청두
취안저우
중경
대리
광저우
진조
파칸 왕조
참파
캘리컷

칭기즈 칸 시기 정복지(1206~1227)
우구데이 칸 시기 정복지(1229~1241)
뭉케 칸 시기 정복지(1251~1259)
쿠빌라이 칸 시기 정복지(1260~1294)
우구데이 칸 시기 원정로
뭉케 칸 시기 원정로
마르코 폴로의 여행로(1271~1294)

1차 원정(1274)
2차 원정(1281)

쓰시마 섬
이즈하라
이키 섬
태풍 강습 연합군
1만 3,500명 익사 후퇴
1274. 10.
일본
(가마쿠라 막부)
하카타
다자이후
태풍 강타, 퇴각
1281. 8.
강남군
히라토

초원으로 진출하기 시작한 것이다. 1219년 칭기즈 칸은 10만 대군을 이끌고 오늘날의 튀르크메니스탄, 아프가니스탄, 이란, 이라크 지역을 관할하고 있던 호라즘을 정복하여 몽골 영토로 만들었다. 많은 학자들은 칭기즈 칸이 곧바로 중국 대륙을 통일하지 않고 서쪽으로 진출한 이유는 물자가 풍부한 중앙아시아와 무역을 하기 위해서였다고 말한다.

이어 그는 북쪽으로 진출하여 러시아와도 전투를 벌여 몽골군의 힘을 유감없이 보여 주었다. 동서남북으로 종횡무진하며 가는 곳마다 승리를 거둔 그는, 그가 죽던 해인 1227년 몽골 제국의 영토를 동쪽으로는 베이징, 북쪽으로는 시베리아 남부, 서쪽으로는 러시아 남부의 볼가 평원, 남서쪽으로는 이란까지 넓혀 세계 최대 제국을 건설했다.

몽골군이 아시아와 유럽을 석권할 수 있었던 이유는 놀라운 전투력과 무기 덕분이었다. 전투력은 말과 활에서 나왔다. 몽골군은 승마 선수보다 말을 잘 탔고, 양궁 선수보다 활을 잘 쐈다. 몽골군이 말과 활에 능한 것은 어려서부터 늘 말을 타는 훈련을 한 덕분이었다. 중무장한 유럽의 기사들은, 가벼운 복장으로 날쌔게 내달리며 강한 활을 쏘아 대는 몽골군을 상대하기 힘들었다. 몽골 군사들은 특히 달아나는 체하다가 갑자기 몸을 돌려 활을 쏘았는데, 이때의 파괴력은 정면에서 쏠 때보다 훨씬 강했다고 한다.

말과 활만이 아니었다. 몽골군은 치밀하고 신속한 전술로 전투에서 승리를 이끌어 냈다. 몽골군은 공격 목표를 정하면 부대를 나누어 말을 타고 신속하게 달려갔다. 그런 다음 한 지점에 집결하면 모든 병력을 총동원해 기습했다. 이 전술이 이른바 나누어 행군하고 힘을 모아 공격하는 전술인데, 전투에서 교과서와 같은 전술이라고 한다. 몽골군은 이 원칙을 잘 지켜 싸웠고 수많은 전투에서 효과를 보았다.

무엇보다 몽골군이 빠른 시간 안에 세계를 정복할 수 있었던 비결은 그들이 보여 준 잔인함 덕분이었다. 그들은 저항하는 도시를 무자비하고 철저하게 파괴했다. 이런 소문이 다음 정복 예정지 주민들에게 퍼지면 몽골군이 공격해 온다는 소문만 들어도 항복하기 일쑤였다. 몽골군은 이런 방법으로 정복지를 빠르게 넓혀 나갔던 것이다.

## 🐎 칸의 후예들 더 넓은 영토를 만들다

20여 년 동안 동서남북을 누비며 정복 사업을 펼치던 칭기즈 칸은 1227년 객지에서 병을 얻어 숨졌다. 칭기즈 칸의 바통을 이어 받은 사람은 그의 아들 오고타이였다. 오고타이는 칭기즈 칸의 바람대로 정복 사업을 멈추지 않았다.

:: 유럽을 침략하는 몽골군

　오고타이 칸 시절인 1231년 고려는 몽골의 침입을 받았다. 고려는 당시 무신 정권 시대였는데, 무신 정권은 수도를 강화도로 옮겨 몽골군과 맞서 싸웠다. 하지만 무신 정권 지배 세력이 안전한 섬에서 작전 지시를 내리는 동안 육지에서 피난 가지 못한 백성들은 몽골군의 말발굽에 잔인하게 짓밟혔다. 몽골군은 거란 침입 때 만든 초조대장경을 불태우고, 경주에 있는 황룡사 9층 목탑도 불태웠다. 몽골의 침입은 고려 정부가 항복하고 강화도에서 개성으로 돌아오면서 멈추었다. 이후 개성으로 돌아가는 것에 반대한 삼별초가 항거했으나 고려 몽골 연합군에 의해 진압되었다. 이로써 몽골의 침입은 끝나고, 고려는 그 후 100여 년 동안 몽골의 반 식민지로 전락했다.

다시 오고타이 칸의 정복 사업을 따라가 보자. 오고타이 칸은 1234년 금나라를 멸망시키고, 동유럽까지 뻗어 나갔다. 1241년에는 오늘날의 헝가리까지 침입했는데, 오고타이 칸이 죽는 바람에 되돌아왔다. 그때 만약 몽골군이 말머리를 돌리지 않았다면 서유럽까지 밀고 들어가 서양 역사가 지금과는 다르게 전개되었을 것이다.

동유럽까지 진출한 몽골은 내부의 문제로 네 개의 제국으로 분열되었다. 그 네 개의 제국을 한국이라 부르는데, 우리나라 국호인 한국과 다른 뜻이다. 몽골은 정복지를 네 개의 한국으로 나눈 뒤 몽골 지역과 중국, 그리고 만주는 직접 통치하는 체계를 만들었다. 몽골이 정복지를 네 개의 제국으로 나눈 건 내분도 한 원인이지만 정복한 영토가 워낙 넓어 하나의 왕조로 넓은 제국을 지배하기 어려웠기 때문이다. 오고타이 칸 사망 이후에도 칭기즈 칸의 후예들은 계속해서 정복 사업을 펼쳤는데, 그 가운데 가장 강력한 정복자는 중국을 통일한 쿠빌라이 칸이었다.

## 쿠빌라이 칸의 인종 정책

쿠빌라이는 중국의 인구를 네 부류로 나누었다. 최상층은 몽골족이었다. 고위 관리와 장수들인 최상층은 세금을 내지 않고 넓은 토지를 받았으며 중국 한족 농민들의 노동력을 착취했다. 그 다음 신분층은 외국 용병이었다. 대부분 중앙아시아 출신으로 색목인(色目人)이라 불린 사람들이었다. 이 사람들은 관리와 무역을 담당했다. 이들 또한 몽골족과 마찬가지로 면세 혜택을 누렸다. 제3, 제4 계층은 중국 민족인 한인(漢人)과 남인(南人)이었다. 다 같은 중국 민족이지만 한인은 중국 북부에 사는 중국인을 가리키고, 남인은 멸망한 남송 지역에 살았던 중국인들을 말한다. 한인들은 농사를 지어 세금을 내고 각종 토목 공사에 불려 나가 일을 해야 했다. 중국 한인들에게 원나라 지배기는 떠올리고 싶지 않은 아픈 과거로 남아 있다.

## 쿠빌라이 칸, 중국을 통일하고 원나라를 세우다

칭기즈 칸의 손자인 쿠빌라이 칸은 1279년 중국을 통일하고 원나라를 세웠다. 원나라는 북방 유목 민족이 세운 최초의 중국 왕조였다. 몽골이 중국을 통일하기 전까지 중국은 한漢족이 나라를 이어 왔다. 그러나 금나라 침입을 받아 남쪽으로 쫓겨 내려간 이후 남송이란 이름으로 나라를 이어 가다가 원나라 침입을 받아 완전히 망하고 말았다.

쿠빌라이 칸은 당시 유럽에도 널리 알려진 인물이다. 마르코 폴로라는 이탈리아 인이 원나라에 머물다 돌아가 『동방견문록』이라는 책을 써서 원나라와 쿠빌라이 칸을 알린 덕분이다. 마르코 폴로는 원나라 수도 베이징에 머물며 원나라 관리를 지냈다. 쿠빌라이 칸은 원정을 나갈 때 마르코 폴로를 데리고 다닐 만큼 두 사람은 가깝게 지냈다고 한다.

:: 쿠빌라이 칸

쿠빌라이 칸은 원 제국 건설 이후에도 정복 사업을 멈추지 않았다. 1274년 일본 원정에 실패한 그는 1281년 다시 일본으로 군대를 보냈다. 하지만 고려와 몽골 연합군은 두 번째 침공에서도 실패하고 말았다. 일본인들은 고려와 몽골 연합군의 배를 부순 태풍을 가미카제, 즉 신의 바람이라 불렀다. 가미가제는 제2

:: 마르코 폴로

차 세계대전 때 진주만을 공격했던 자살 특공대의 별칭으로 유명하다.

쿠빌라이 칸의 실패는 또 있었다. 1281년과 1285년 남쪽에 있는 베트남을 침입했지만 베트남의 완강한 저항에 부딪혀 되돌아갔다. 1286년 다시 침입해 베트남 북부의 일부 지역을 차지한 게 그나마 위안이었다.

## 원 제국을 싸워서 물리친 베트남 왕조

베트남은 태풍 따위의 도움 없이 몽골군과 싸워 이긴 유일한 나라다. 베트남은 1285년부터 여러 차례 몽골군의 침입을 받았지만 대부분 물리쳤다. 제 아무리 날랜 몽골 기병이라도 베트남 정글에 들어가면 맥을 못 추었다고 한다. 베트남은 중국 지배에서 벗어난 10세기 이후 송, 원, 명, 청 등 중국 왕조의 침략을 모두 물리쳤다. 1970년대에는 베트남 전쟁에서 세계 최강 미국과 싸워 이겼다.

##  몽골 정복으로 동서 교류 활발해져

몽골이 정복 사업을 벌이던 당시는 십자군 전쟁이 한창이어서 이미 유럽과 서아시아의 동서 교류가 빈번한 상태였다. 여기에 몽골이 터를 잡고 있던 중국과 중앙아시아가 하나의 영토로 이어져 동서 교류의 범위가 더욱 넓어졌다.

원나라는 무역을 원활히 하기 위해 도로를 정비하고 상인들이 이용할 수 있는 역을 만들어 숙박과 말을 제공했다. 이러한 노력 덕에 북중국에서 러시아 볼가 강에 이르는 초원길이 각광을 받기 시작했고, 당나라 시대부터 유럽과 활발히 교역하던 비단길을 통해서도 유럽과 무역을 전개했다.

무역뿐 아니라 학문과 과학의 교류도 활발하게 일어났다. 유럽과 서아시아에서 천문학, 지리학, 수학, 역학, 기독교 등이 원나라에 전해졌고, 원나라에서는 중국의 3대 발명품인 나침반과 화약과 인쇄술이 아라비아 상인들이 끄는 낙타 등에 실려 유럽으로 전달되었다. 원나라를 통해 중국으로 전해진 아라비아의 천문학은 이후 조선 세종 때 과학의 꽃을 피울 수 있는 계기를 마련해 주었다.

문익점이 목화씨 열 톨을 들여와 고려와 조선의 의생활에 혁명을 가져온 것도 원나라 말기였다. 100년 가까이 원나라의 지배를 받은 고려는 고통과 치욕, 그리고 생활 문화의 발전을 가져온 기술과 과학을 동시에 전해 받은 셈이다.

우리 민족에게 고통을 안겨 준 몽골이지만 세계사에서 그들이 차지하는 비중은 무척 크다. 단순히 인류 역사상 가장 넓은 제국을 건설한 민족이라는 이유 때문은 아니다. 1995년 미국의 〈워싱턴 포스트〉 신문이 지난 1000년 동안 인류 역사에서 가장 중요한 인물로 칭기즈 칸을 꼽으면서 한 말 속에 답이 있다.

"칭기즈 칸은 사람과 과학의 교류를 통해 지구를 좁게 만들었다. 그리하여 세계를 흔들고 변화를 가져오게 만들었다."

# 칭기즈 칸의 후예는 지금 뭐하나?

칭기즈 칸이 대제국을 건설한 이후 13세기 말부터 14세기까지 60년 간 세계는 몽골의 시대였다. 이때를 팍스 몽골리카, 즉 타타르(몽골족)의 평화라 부른다. 로마 제국의 전성기를 팍스 로마나, 오늘날 미국의 전성기를 팍스 아메리카나로 부르는 것과 같다.

1271년 칭기즈 칸의 손자 쿠빌라이 칸이 원 제국을 세운 이후 몽골은 서쪽으로 동유럽, 북쪽으로 러시아, 남쪽으로 중국 대륙을 지배했다. 몽골은 도대체 어디서 나타난 민족이며 어떻게 이런 대제국을 건설할 수 있었을까?

몽골 고원은 중국의 북쪽, 시베리아 남쪽에 위치한다. 이곳에 기원전부터 몽골인의 조상인 유목 민족이 살고 있었다. 대표적인 유목 민족은 흉노였다. 흉노는 진시황제가 만리장성을 쌓아 막으려 했던 강력한 북방 유목 민족이었다. 유방이 세운 한나라는 흉노에 밀려 치욕적인 형제 관계를 맺어야 했으며, 유방은 "흉노와 전쟁을 하지 말라."고 유언을 남길 정도로 흉노를 경계했다. 이후 한 무제는 흉노와의 협정을 깨고 대대적인 흉노 정벌에 나섰고 결국 흉노는 몽골 고원을 떠나 서쪽으로 쫓겨 갔다.

흉노 이후 눈에 띄는 유목 민족은 돌궐. 돌궐은 흉노의 후손으로 알려져 있는데, 6세기 중국 수나라의 공격을 받은 후 동서로 분열한다. 서돌궐은 이후 서쪽으로 이동해 훗날 오스만튀르크 제국을 건설한다. 거란도 몽골계 유목 민족인데, 몽골 고원과 만주 서쪽에 자리 잡고 살면서 916년 대거란을 세우고 발해를 멸망시킨 나라로 유명하다. 고려에 세 차례나 침입해 우리 민족과도 악연이 깊다. 거란은 요나라를 세운 뒤 훗날 금나라에 멸망당한다.

금나라를 멸망시키며 동아시아 역사에 화려하게 등장한 민족이 바로 몽골 고원에 살던 몽골 민족이다. 몽골은 세계에서 가장 넓은 제국을 건설했으나 100년이 못 돼 중국 한족 출신의 주원장이 세운 명나라에 쫓겨 몽골 고원으로 돌아간다. 몽골 고원으로 쫓겨 간 몽골을 북원이라 부른다.

　명나라를 무너뜨린 청나라는 몽골을 외몽골과 내몽골로 분리해 다스린다. 그러다가 중국에서 신해혁명이 일어나자 외몽골은 1911년 제1차 혁명을 일으켜 자치를 인정받는다. 러시아 혁명 이후인 1921년에는 2차 혁명을 일으켜 1924년 국호를 몽골인민공화국으로 하는 사회주의 정권을 수립한다. 이때 내몽골 지역은 중국에 속해져 오늘날 중국의 내몽골(네이멍구) 자치로 편입된다. 러시아 다음으로 세계에서 두 번째 공산주의 국가가 된 몽골은 소련 사회주의가 해체된 이후 1992년 시장 경제 체제를 도입해 민주 공화제 국가로 탈바꿈한다.

# 백년전쟁

### 영국과 프랑스의 서유럽 패권 경쟁

세계 정복자 원나라의 힘이 약해지기 시작하던 14세기 무렵, 유럽의 서쪽 끝자락인 영국과 프랑스 사이에 전쟁이 벌어졌다. 두 나라는 1337년부터 1453년까지 무려 100년 넘게 전쟁을 벌였다. 그래서 전쟁 이름도 백년전쟁이다.

백년전쟁이라고 해서 물론 100년 내내 전쟁만 한 것은 아니었다. 싸우다 쉬다가 또 싸우다 그렇게 보낸 세월이 100년이다. 사랑도 100년이라면 지겨울 만한데 전쟁을 100년 동안 하다니. 도대체 두 나라는 무슨 생각으로 그토록 오랫동안 전쟁을 한 걸까?

영국과 프랑스는 프랑스 왕위 계승 문제 때문에 전쟁을 벌였다. 프랑스 왕위 계승 문제에 영국잉글랜드 왕국이 끼어들면서 문제가 불거지기 시작한 것인데, 영국은 왜 남의 나라 일에 끼어들어 전쟁까지 벌인 걸까? 사연은 이랬다.

1328년 프랑스 왕 샤를 4세가 세상을 떠났다. 왕이 죽었으니 그의 아들이 왕이 되는 게 순리. 그런데 죽은 왕에게는 아들이 없었다. 그래서 사촌 동생인 필리프 6세가 왕이 되었다. 그러자 도버 해협 건너편에 있던 영국 왕 에드워드 3세가 문제를 제기하고 나섰다.

"나는 돌아가신 당신네 왕 샤를 4세의 조카다. 그분과 나는 3촌 지간이니 내가 1촌 더 가깝다. 고로 내가 프랑스 왕위를 겸하는 게 맞다."

영국 왕의 말이 틀린 것도 아니었다. 당시 서유럽 국가들은 다른 나라 왕족과 혼인 관계를 맺어 이런 일이 충분히 있을 수 있었다. 그러나 아무리 그렇다 해도 프랑스 왕족이 허수아비가 아닌 이상 영국 왕이 프랑스 왕까지 하겠다는데 순순히 왕위를 내 줄 리가 없다. 프랑스 왕은 생각해 볼 가치가 없는 얘기라고 무시했다. 그러자 영국 왕 에드워드 3세는 심기가 불편해졌다. 그 때문에 영국은 프랑스에 선전 포고를 했고, 기나긴 전쟁이 시작되었다.

## 발단은 왕위 계승 문제, 본질은 경제

프랑스 왕위 계승 문제만 가지고 백년전쟁의 원인을 말하기엔 뭔가 부족하다. 모든 전쟁의 배경이 그렇듯이 백년전쟁도 겉으로 들어난 이유 말고 숨겨진 진짜 이유가 따로 있었다.

:: 백년전쟁

　왕위 계승 문제가 불거지기 전부터 두 나라는 전쟁을 하고도
남을 조건이 무르익었다. 그 가운데 하나가 당시 프랑스 영토 안
에 있는 플랑드르오늘날 벨기에 지역 문제였다. 플랑드르는 프랑스 영토
안에 있었지만 영국의 지배를 받고 있었다. 영국은 양모 산업이
번창한 플랑드르에서 짭짤한 이득을 보고 있었다. 그런데 프랑스
가 플랑드르를 차지하기 위해 간섭하기 시작하면서부터 두 나라
사이가 안 좋아졌다. 이런 와중에 프랑스 왕이 죽자, 영국 왕 에
드워드 3세가 왕위 계승권을 들먹이며 전쟁을 일으킨 것이다.

　전쟁 당시 국력은 프랑스가 영국보다 5배 정도 강했다. 경제 규
모나 생활 수준도 프랑스가 한 수 위였다. 게다가 프랑스는 유럽

에서도 가장 뛰어난 기사들이 있었다. 그러나 전투력에서는 영국이 프랑스에 결코 뒤지지 않았다. 영국은 두 나라 사이에 있는 도버 해협에 대한 통제권을 쥐고 있었다. 백년전쟁이 일어나기 전에 이따금 맞붙은 해상 전투에서 영국은 우위를 보여 주었다. 게다가 영국군은 강력한 무기를 보유하고 있었다. 2m 길이의 긴 활이었다. 영국 활은 400m 앞에 있는 기사의 갑옷을 뚫을 만큼 정확하고 강했다. 프랑스가 자랑하는 석궁보다 사정거리가 길고 발사 시간도 빨랐다. 사정이 이랬으니 국력이 약한 영국이 선전 포고를 한 것도 무리는 아니었다.

##  크레시 전투에서 영국군 승리

백년전쟁 초반에 도버 해협에서 몇 차례 해상전을 펼치던 영국과 프랑스는 1346년 드디어 크레시에서 크게 한판 붙었다. 크레시 숲에 영국군을 배치한 에드워드 3세는 말을 타고 전열을 돌아보며 병사들을 격려했다. 최전방 우익에 아들인 흑태자블랙 프린스가 듬직하게 버티고 서 있었다. 흑태자는 언제나 검은 옷을 입고 전투에 임해 흑태자라 불렸다. 프랑스에서 워낙 잔인한 짓을 많이 해서 프랑스 인이 잔인함을 비꼬아 그에게 흑태자란 별명을 붙여 주었다는 말도 전한다.

프랑스군은 수적으로 우위에 있었기 때문에 거침없이 영국군 진영을 향해 진격했다. 영국군은 프랑스군이 가까이 올 때까지 기다렸다. 그러다가 프랑스 군대가 사정거리에 이르자 노련한 궁수들이 일제히 활시위를 당겼다.

　영국군 궁수들이 쏜 화살은 중무장한 프랑스 기사들에게 정확히 꽂혔다. 프랑스군은 혼란에 빠졌다. 이때 영국군 진영에서 대포가 불을 뿜기 시작했다. 화살에 이어 천둥소리를 내며 대포가 발사되자 프랑스군은 공포에 질렸다. 대포가 중요 전투에서 사용된 건 크레시 전투가 처음으로 알려진다.

　영국군의 활에 당하고, 대포 소리에 놀라 자빠지는 와중에도 프랑스군은 진격을 멈추지 않았다. 용감하다고 할 수 있지만 결코 현명한 처사는 아니었다. 결국 무리한 진격은 프랑스군에 패배를 안겨 주었다.

　크레시 전투에서 프랑스군을 크게 무찌른 영국군은 프랑스 북부에 있는 칼레를 함락시켜 전투를 마무리 지었다. 영국은 크레시 전투에 승리해 유럽에서 가장 주도적인 군사 국가로 등장하게 된다.

## 국민 영웅 잔 다르크 등장으로 전세 역전

크레시 전투 이후 전쟁은 주춤한 듯했다. 영국과 프랑스 두 나라 모두 내란과 반란 등으로 혼란스러웠고, 1347년부터 유럽을 죽음의 도가니로 몰아넣은 흑사병 때문에 정신을 차릴 수 없었기 때문이다.

### 전쟁보다 더 파괴적인 흑사병

1347년부터 1351년 사이에 페스트로 불리는 흑사병이 유럽을 휩쓸었다. 흑사병은 인류가 겪은 전염병 중 가장 치명적인 전염병이었다. 쥐벼룩이 옮기는 이 전염병이 유럽에 퍼진 것은 몽골족의 한 종족인 타타르족이 크림반도의 도시를 공격하다가 군사들 사이에 페스트 전염병이 돌자 죽은 병사들을 성벽에 버리고 후퇴한 데서 유래한다. 이 전투에서 철수한 이탈리아 병사들이 유럽으로 들어가면서 전염병이 번져 수많은 유럽인이 죽어 나가기 시작했다. 페스트균에 감염되고 약 6일 간의 잠복기가 지나면 환자는 흉부통증, 기침, 각혈, 호흡 곤란, 고열로 고통을 받다 끝내 의식을 잃고 사망하게 된다. 이때 생기는 피부의 검은 반점 때문에 흑사병이라고 불린다. 14세기에 흑사병으로 2천만 명이 넘는 유럽인이 죽은 것으로 전해진다.

1396년 두 나라는 20년 동안 휴전하기로 합의했다. 전세가 불리하던 프랑스로서는 불행 중 다행이었다. 그러나 20년이 흐른 뒤 영국군이 다시 프랑스를 공격해 전쟁이 재개되었다. 1451년 프랑스와 영국이 맞붙은 아쟁쿠르 전투에서 영국군은 수적으로 우세한 프랑스군을 상대로 승리를 거두었다. 프랑스군은 영국의 활에 대비해 쇠로 만든 비늘 갑옷 대신 두꺼운 판금 갑옷으로 무장을 바꾸었지만 그것이 외려 기동력을 떨어뜨리는 결과를 낳았다.

영국군은 파리 등 대도시를 제외한 프랑스의 상당 지역을 정복했다. 그리고 아쟁쿠르 전투 이후 몇 년 동안은 수도인 파리를 사실상 장악했다. 영국이 프랑스를 더욱 강하게 몰아붙여 거의 항복을 받아낼 즈음, 프랑스 왕자 샤를 7세는 루아르 강 남쪽으로 도망갔다. 프랑스의 앞날은 암울해 보였다.

바로 그때, 위기의 프랑스를 구원할 영웅이 나타났다. 그 이름도 찬란한 처녀 장군 잔 다르크! 그녀의 등장은 환상 그 자체였다.

1429년 어느 날, 열일곱 살 시골 처녀 잔 다르크가 샤를 왕자를 찾아갔다.

"어젯밤 꿈속에 천사가 제게 나타나 말했어요. 영국군에 포위된 오를레앙 시를 구하고, 왕자님을 왕으로 즉위시키라고요."

왕자는 뜬금없이 나타나 꿈 이야기를 하는 시골 처녀가 못 미더웠지만 마땅한 대안도 없어서 그녀에게 군대를 내주었다. 오를레앙마저 정복당하면 프랑스는 완전히 무너질지도 모르는 상황이었으니까.

잔 다르크가 나타나기 전 프랑스군의 사기는 바닥 수준이었다.

그러다가 신의 계시를 받고 프랑스를 구할 장군이 온다는 말에 병사들의 사기는 높이 치솟았다. 잔 다르크는 자신의 예언대로 오를레앙 전투에서 영국군의 포위를 풀었다. 이를 계기로 전세가 역전되었다. 갑옷을 입은 잔 다르크가 나타나면 영국군은 겁에 질려 도망치기 바빴다고 한다. 오를레앙 전투에서 승리한 잔 다르크는 샤를 왕자를 왕위

:: 잔 다르크

에 오르게 했다. 그러나 1년 뒤 잔 다르크는 전투 중 부르고뉴 인에게 포로로 잡혀 영국군에 넘겨졌다. 부르고뉴는 원래 프랑스에 있는 지역인데, 백년전쟁 당시엔 영국군 편을 들었다.

## 프랑스를 구한 잔 다르크의 최후

영국군에 넘겨진 잔 다르크는 종교 재판에서 마녀라는 판결을 받았다. 프랑스군을 이끌고 영국군과 싸워 이긴 그녀가 마녀라니. 신의 계시를 받았다고 주장해서 그랬을까? 영국군 입장에서는 거의 이길 뻔한 전쟁을 그녀 때문에 놓치게 되었으니 그녀를 마녀로 보고 싶었는지 모른다. 어쨌거나 잔 다르크는 마녀 판정을 받고 화형에 처해졌다. 전쟁이 끝난 뒤 프랑스 왕은 잔 다르크의 명예를 회복시켜 주었다. 이후 잔 다르크가 맹활약했던 오를레앙에서는 그녀를 기리는 축제가 생겨났고, 1920년 가톨릭교회는 그녀를 성녀로 불러 주었다. 오늘날에도 잔 다르크는 승리에 대한 확신과 솔선수범으로 나라를 위기에서 구한 애국 소녀의 표상으로 남아 있다.

# 영국과 프랑스, 전쟁 이후 서유럽 강국으로 부상

잔 다르크가 화형된 뒤에도 전쟁은 계속되었다. 전세를 역전한 프랑스군은 영국군 점령 아래 있던 도시들을 하나씩 되찾기 시작해 1453년 마침내 노르망디에서 영국군을 물리쳐 백년전쟁의 마침표를 찍었다.

백년전쟁에서 승리한 프랑스는 북부 도시 칼레를 제외한 프랑스의 거의 모든 영토를 되찾았다. 하지만 전쟁터가 프랑스였던 만큼 피해는 무척 컸다. 게다가 전쟁 기간 동안 고용했던 용병에게 급료를 지급하지 못해 이들이 도적 떼로 변해 한동안 골치를 앓았다.

:: 화형당하는 잔 다르크

하지만 프랑스는 백년전쟁을 치르는 과정에서 상비군을 보유하게 돼 군사력을 키우는 계기가 되었다. 영주들이 왕을 중심으로 뭉쳐 왕권도 강화되었다. 전쟁에 승리한 프랑스 인이 자부심을 갖게 된 것도 값진 전리품 가운데 하나였다.

패전국 영국도 피해가 무척 컸다. 도버 해협 연안에 있는 칼레를 제외한 프랑스 내 영국 영토를 모두 잃어 대륙의 지배권을 상실했다. 또한 백년전쟁 이후 제후들 사이에 전쟁이 벌어져 영국은 극심한 혼란을 겪었다. 영국 귀족들 사이에 벌어진 이 전쟁을 장미 전쟁이라 부른다.

## 붉은 장미와 흰 장미의 대결, 장미 전쟁

1455~1485년 사이에 왕위 계승을 둘러싼 영국 귀족 간의 싸움이다. 장미 전쟁이라 불리는 이유는 전쟁의 양축이었던 랭커스터 가문은 붉은 장미를, 요크 가문은 흰 장미를 각각 문장으로 삼은 것에서 유래한다. 장미 전쟁 결과 랭커스터 계의 백작인 튜터가 왕위에 올라 튜터 왕조가 성립되었다.

백년전쟁의 패배와 바로 이어진 귀족 간 왕위 쟁탈전의 피해에도 불구하고 영국은 나름 얻은 게 있었다. 영국은 오랫동안 프랑스와 싸우면서 대륙에 대한 섬나라의 열등감을 떨쳐 낼 수 있었다.

백년전쟁은 중세를 마감하는 전쟁이었다. 프랑스와 영국 두 나라는 백년전쟁 와중에 왕의 힘이 강해지는 중앙 집권 국가의 면모를 갖추게 되었고, 서유럽의 강국으로 떠올랐다. 십자군 전쟁과 백년전쟁 이후 유럽 사회는 중세의 칙칙한 모습을 벗어 버렸다. 고대 그리스와 로마 문화가 부활하고, 인간다운 삶과 자유로운 개성을 강조하는 르네상스 시대가 시작된 것이다.

:: 장미 전쟁

　또 하나의 중요한 변화는 대항해 시대의 시작이었다. 1492년 콜럼버스가 아메리카 대륙에 첫발을 디딘 이후 호기심과 욕심 많은 유럽인들이 배를 타고 아프리카와 아메리카와 아시아로 떠났고, 그곳에서 황금과 향료와 차와 감자를 들여와 유럽인들을 살찌우기 시작했다.

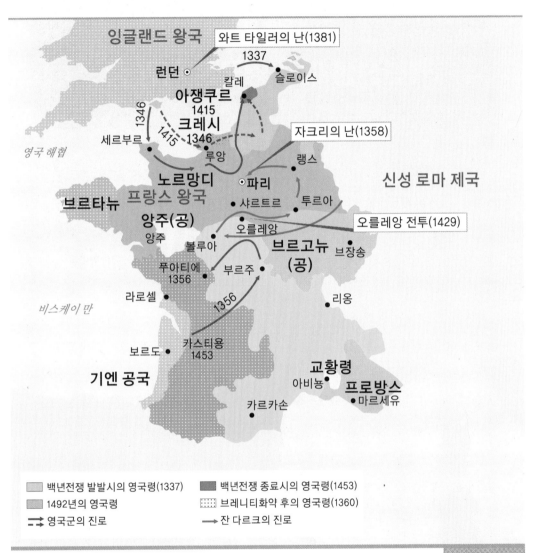

잉글랜드 왕국

와트 타일러의 난(1381)

1337

런던

칼레

슬로이스

**아쟁쿠르**
1415

**크레시**
1346

1346

1415

자크리의 난(1358)

세르부르

루앙

랭스

**노르망디**

영국 해협

**프랑스 왕국**

파리

샤르트르

투르아

**신성 로마 제국**

**브르타뉴**

**앙주(공)**

앙주

오를레앙

볼루아

**브르고뉴**
**(공)**

브장송

오를레앙 전투(1429)

**푸아티에**
1356

부르주

라로셸

1356

리옹

비스케이 만

보르도

**카스티용**
1453

**교황령**

아비뇽

**프로방스**

**기엔 공국**

카르카손

마르세유

백년전쟁 발발시의 영국령(1337)　　백년전쟁 종료시의 영국령(1453)

1492년의 영국령　　브레니티화약 후의 영국령(1360)

영국군의 진로　　잔 다르크의 진로

**백년전쟁**

# 백년전쟁 이후 영국은 혁명 중

오늘날 혁명 하면 대개 자유 평등 박애로 상징되는 1789년 프랑스 대혁명을 떠올린다. 프랑스에서 혁명이 일어나 절대 왕정을 누리던 루이 16세와 왕비가 단두대에서 처형되었다. 그러나 프랑스 혁명보다 먼저 영국에서 이미 정치 혁명이 일어났다는 것을 아는 사람은 많지 않다. 프랑스 대혁명보다 100년 먼저 영국에서 일어난 혁명을 명예혁명이라 부른다. 명예혁명은 앞서 일어난 청교도 혁명과 맥이 닿아 있다.

영국은 백년전쟁 이후 절대 왕정이 자리를 잡았다. 그와 함께 부유한 지주 출신의 법률가, 의사 등 전문직 상류층인 젠트리(영어의 젠틀맨은 젠트리에서 유래했다)가 성장해 의회 다수파를 형성했다. 또한 상인과 제조업자 등의 시민 계급도 성장했다. 이런 사회 분위기에서 영국 왕인 찰스 1세는 의회 승인 없이 과세하고, 청교도를 박해했다. 청교도는 순결한 신앙과 근면 검소를 목숨처럼 여기며 영국의 국교인 성공회에 비판적인 신앙인들이었다.

찰스 1세의 독재에 대항해 의회가 '의회의 승인 없이 과세할 수 없다.'는 권리 청원을 하자 찰스 1세는 의회를 해산시켜 버렸다. 이때 의회파와 왕당파 사이에 내란이 벌어졌는데, 의회파가 왕당파를 격파하고 찰스 1세를 처형했다. 이것이 1649년 일어난 청교도 혁명이다.

청교도 혁명 이후 공화정이 실시돼 영국은 지구촌에서 가장 먼저 왕이 없는 나라가 되었다. 그러나 청교도 혁명을 이끌던 크롬웰이 죽고 난 뒤 크롬웰의 독단에 불만을 품었던 영국인들은 다시 왕정을 택했다. 이때의 왕정 복구 이후 영국은 오늘날까지 왕이 존재하는 입헌 군주제(헌법 체제 아래 왕은 군림하되 통치하지 않는 상징적 존재로 남고 의회가 국정을 이끌어가는 제도)의 대표 국가로 남았다.

　왕 자리를 꿰찬 찰스 2세에 이어 왕이 된 제임스 2세가 여전히 독재 정치를 펼치자 의회는 그를 추방하고 새 왕에게 권리 장전을 승인받아 입헌 군주제의 토대를 닦았다. 이것이 바로 1689년에 일어난 영국의 명예혁명이다. 명예혁명으로 국왕의 권한은 축소되고 의회의 권한은 대폭 강화되었다. 이러한 배경에서 영국은 의회에서 다수를 차지한 정당이 내각을 조직하여 의회에 책임을 지는 내각 책임제를 실시하였다. 영국의 내각 책임제는 근대 의회 민주주의의 모체가 되었다.

　명예혁명 이래 영국은 정치와 사회가 안정되었고 이러한 바탕 위에서 또 하나의 혁명인 산업 혁명이 일어났다. 18세기 이후 영국에서 산업 혁명이 일어날 수 있었던 데는 여러 가지 배경이 있다. 상공업이 발달했고, 가장 많은 식민지를 확보해 싼 값에 원료를 수입했고, 식민지 시장에 상품을 내다 팔아 부를 축적했으며, 인클로저 운동(양을 키우기 위해 농민을 농촌에서 쫓아낸 것)으로 많은 농민들이 도시 노동자가 돼 노동력이 풍부해졌고, 면직기와 방적기 등 면직물을 짜는 새 기계가 발명돼 대량 생산이 가능해졌기 때문이었다. 청교도 혁명과 명예혁명과 산업 혁명으로 이어지는 혁명 3종 세트를 이뤄 낸 영국은 18세기 이후 세계 경제를 지배하는 해가 지지 않는 대제국이 되었다.

# 나폴레옹의 전쟁

유럽의 마지막 정복자 나폴레옹

18세기 말 나폴레옹이 세계사의 한 페이지를 화려하게 장식하기 전까지 유럽에선 많은 변화가 일어났다. 14세기 영국과 프랑스가 100년 동안 기나긴 전쟁을 치르는 사이 중세 시대는 저물어 갔고, 이탈리아에서는 르네상스 물결이 일었다.

고대 그리스와 로마 문화를 부활시킨 르네상스는 신 중심의 사고에서 벗어나 인간다운 삶과 자유로운 개성을 추구했다. 코페르니쿠스는 불온하게도 지구가 돈다는 사실을 누설했고, 갈릴레이가 그 의견을 거들다 탄압을 받았다. 〈모나리자〉로 유명한 레오나르도 다 빈치와 미켈란젤로 같은 화가들은 성당의 벽과 천장에 자신들의 천재성을 뽐내는 그림을 마음껏 그려 넣었다.

유럽 대륙의 가장 서쪽 땅 이베리아 반도에 위치한 에스파냐와 포르투갈은 그들의 눈을 대서양으로 돌렸다. 그것에 힘입어 15세기 말부터 신항로가 개척되기 시작했다. 콜럼버스, 바스코 다 가마, 아메리고 베스푸치, 마젤란 같은 호기심쟁이들은 위험을 무릅쓰고 미지의 땅을 찾아 돛을 올렸다. 그들이 신대륙 발견에 열을 올리고 있던 16세기 무렵, 독일의 마르틴 루터는 종교 개혁의 깃발을 들어 올렸다.

17세기 프랑스는 강력한 왕의 출현으로 최고 전성기를 맞았다. "짐이 곧 국가다."라는 명언을 남긴 루이 14세는 스스로를 태양왕이라 부르며 태양처럼 빛나는 베르샤유 궁전을 짓고 그곳에 들어 앉아 마음껏 권력을 누렸다. 강력했던 프랑스 왕정은 루이 14세 말 붕괴 조짐을 보이기 시작해 루이 16세 때 프랑스 대혁명을 계기로 완전히 무너졌다.

혁명의 기운이 파리 하늘을 뒤덮고, 그 불길이 유럽의 다른 나라로 번져갈 무렵, 프랑스군 포병 출신의 군인이 쿠데타를 일으켜 권력을 잡았다. 그는 알렉산드로스와 카이사르의 뒤를 잇는 유럽의 정복자 나폴레옹 보나파르트였다.

## 🐎 프랑스 혁명과 영웅의 탄생

나폴레옹 이야기를 하려면 먼저 프랑스 혁명을 짚고 넘어가야 한다. 나폴레옹 전설이 만들어지기 시작한 발원지가 바로 프랑스 혁명이기 때문이다. 프랑스 혁명 당시 왕은 루이 16세였다. 왕비는

:: 나폴레옹

오스트리아 황실 가문의 마리 앙투아네트였다. 두 사람 모두 사치스러워서 왕실 재정의 바닥이 드러났다. 게다가 식민지 미국이 영국으로부터 독립 전쟁을 벌일 때 1775~1783년 전쟁 물자를 대 주느라 나라 곳간이 텅텅 비었다.

루이 16세는 바닥난 국가 경제를 회복하기 위해 귀족과 성직자와 평민 세 신분 대표가 모이는 삼부 회의를 소집했다. 왕은 이 회의를 통해 프랑스 국민들로부터 어떻게 돈을 긁어모을까 연구 좀 해 보라고 했다.

하지만 회의에서 머릿수대로 표결이 이루어지지 않자 평민 대표들은 헌법 제정을 요구하며 국민의회를 구성했다. 왕은 이들을 무력으로 해산하려고 했다. 그러자 파리 시민들이 절대 왕정의 상징인 바스티유 감옥을 습격하여 혁명의 불을 당겼다.

파리 시민들은 자유 평등 박애를 외치며 행진했고, 교회의 토지와 귀족의 재산을 몰수했으며, 영주의 성을 습격해 봉건 영주가 소유하고 있는 토지 문서를 불태웠다. 혁명의 불길은 마침내 루이 16세와 마리 앙투아네트를 단두대에서 처형하는 데까지 이르렀다.

## 기요틴, 한 번에 고통 없이 자비롭게

프랑스 혁명은 자유 평등 박애로 상징된다. 또 하나, 구체제의 상징인 바스티유 감옥 습격도 프랑스 혁명을 설명하는 중요한 키워드다. 그러나 프랑스 혁명의 획기적인 조처를 이야기할 때 빼놓을 수 없는 것이 기요틴, 즉 단두대다. 기요틴은 기요탱이 고안해 만들었다고 알려지는데, 목을 가장 빠르고 깔끔하게 자르는 처형 기구로 명성이 자자했다. 이처럼 무시무시한 처형 기구는 사실 사형수의 인권을 생각해서 만들어진 것이라고 한다. 단두대 이전에 프랑스에선 귀족 등 높은 신분은 칼로 목을 치고, 평민 등 낮은 신분은 목을 매 죽이는 교수형으로 처형해 왔다. 그런데 이렇게 처형하는 게 죽는 사람에게 큰 고통을 안겨줄 수 있고, 죽이는 방법이 평등하지 않다는 이유로 프랑스 혁명 때 수천 명의 반역자들을 똑같은 방법으로 평등하게, 단 한 번에 자비롭게 처형하기 시작한 것이다. 이 기요틴에서 루이 16세와 왕비 마리 앙투아네트, 그리고 프랑스 혁명 이후 공포정치의 상징으로 불렸던 로베스피에르의 목이 잘렸다.

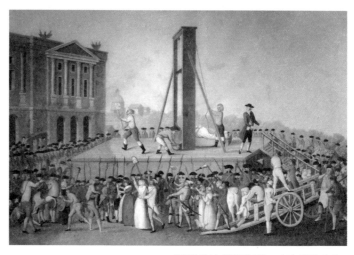

:: 기요틴에서 처형당하는 마리 앙투아네트

##  이집트 원정에서 돌아온 나폴레옹

루이 16세와 마리 앙투아네트의 단두대 처형은 나라 안팎으로 큰 파장을 몰고 왔다. 왕의 목이 잘려 나갔다는 초특급 뉴스를 접한 이웃 나라 왕들은 경악했다. 오스트리아와 프로이센 등 유럽 강국은 동맹을 체결하고 프랑스에 간섭할 채비를 갖추었다.

프랑스는 급진파인 자코뱅파와 온건파인 지롱드파가 팽팽히 맞서면서 혁명 후 심각한 갈등을 겪었다. 1795년 포병 장교 출신의 나폴레옹이 귀족들이 일으킨 반란을 성공적으로 진압하면서 역사 무대에 신고식을 치렀다. 이후 그는 이탈리아 원정 총사령관에 임명되어 북부 이탈리아를 정복했다. 나폴레옹은 전투에 자신이 생겼고, 야망은 점점 더 커졌다. 그는 보다 강한 적과 붙어 보고 싶었다. 당시 프랑스의 경쟁 상대는 영국이었다. 하지만 프랑스 군대는 세계 최대 강국인 영국을 공격하기에는 힘이 약했다. 그래서 나폴레옹은 먼저 영국이 지배하고 있던 이집트로 원정을 떠났다1798년.

## 이집트 원정-뜻밖의 수확 로제타석

이집트 원정에서 나폴레옹은 이집트 역사의 실마리를 풀 수 있는 중요한 공헌을 했다. 그의 부하 부샤르가 나일 강 하구 로제타 마을에서 진지를 구축하다가 그리스 어와 이집트 상형 문자가 기록된 비석 하나를 발견했다. 이비석이 이집트 상형 문자를 해독하여 고대 이집트 문명의 수수께끼를 푸는 데 결정적인 열쇠가 된 로제타석이다. 기원전 2세기에 만들어진 비문에는 프톨레마이오스 왕이 사제들에게 큰 은혜를 베푼 것을 찬양한다는 내용이 새겨져 있다. 1801년 프랑스가 이집트를 포기한 뒤 이 돌은 영국인의 손에 들어가 지금은 대영박물관에 보관되어 있다.

:: 로제타석

나폴레옹은 이집트 군대를 격퇴하고 여러 번 승리를 거두었다. 지상 전투에서는 그를 당할 자가 없었다. 하지만 해전에서는 상황이 달랐다. 영국의 유명한 제독인 넬슨이 이집트 해안에서 프랑스 군대를 격파했다. 나폴레옹은 자존심에 큰 상처를 입었다. 군대 내에선 전염병까지 돌아 상황이 심각했다. 그때 파리에서 반가운 소식이 들려왔다. 정파 간의 갈등이 심해져 나라가 몹시 혼란스럽다는 뉴스였다.

1799년 이집트에서 빠져나온 나폴레옹은 혼란한 정국을 십분

활용해 권력을 장악하기로 마음먹었다. 그는 부하들을 시켜 국민이 뽑은 의회 의원들을 의사당에서 내쫓고, 자기 자신에게 최고 권력을 부여했다. 그는 로마 시대 최고 권력자였던 집정관처럼 제1통령이 되었다. 나폴레옹의 쿠데타로 프랑스 혁명도 끝이 났다.

## 국민 투표로 황제에 오르다

나폴레옹이 스스로 최고 권력자 자리에 올랐는데도 프랑스 국민은 독재자인 그에게 지지를 보냈다. 역사가들은 그 현상을 프랑스 혁명 이후 10년 동안 프랑스가 혼란스러웠고, 그 혼란을 잠재울 사람으로 나폴레옹이 적임자라고 판단했기 때문이라고 분석한다. 아닌 게 아니라 나폴레옹은 최고 통치자인 통령이 되고 나서 국민들의 지지를 받을 여러 일을 했다. 그 가운데 대표적인 것이 프랑스 혁명의 이념을 반영하여 나폴레옹 법전을 만든 것이다. 이 법전은 농민의 토지 소유권을 확인해 주었고, 누구나 법 앞에서 평등하며, 개인 소유권이 침해를 받지 않는다는 것을 보장해 주었다.

나폴레옹은 또 인재를 고루 등용해 국민들로부터 지지를 받았다. 무엇보다 파리 시민이 나폴레옹을 지지한 이유는 그가 전쟁에서 이룩한 승리에 있다. 그는 이탈리아를 제압해 군인의 우상이 되었고, 국민들은 나폴레옹을 죽을 때까지 권자에 머무를 수 있는 종신 통령으로 만들어 주었다.

1804년 마침내 나폴레옹은 프랑스 황제가 되었다. 그것도 국민 투표에서 압도적인 지지를 받고서 말이다. 혁명을 통해 절대 왕정을 무너뜨린 프랑스 국민들이 민주적인 공화정을 폐기하고 역사의 후퇴랄 수 있는 제정 체제를 받아들인 것은

:: 넬슨

모두 나폴레옹이 보여 준 뛰어난 정치력과 전투력 덕분이었다.

황제가 된 나폴레옹은 프랑스 황제에서 전 유럽의 황제가 되는 꿈을 꾸었다. 그는 그 꿈을 이루려면 무엇보다 먼저 영국을 제압해야 한다고 생각했다. 그래서 그는 프랑스와 에스파냐 연합 함대를 에스파냐 해안인 트라팔가르로 파견했다. 그곳에는 영국 해군을 이끄는 넬슨이 있었다. 넬슨은 몇 년 전 나폴레옹을 궁지에 몰아넣었던 영국의 해군 제독이었다.

1805년 10월 트라팔가르 해전에서도 넬슨의 지략과 용기가 프랑스 해군을 무찔렀다. 넬슨은 이 전투에서 총에 맞아 사망했지만 영국 해군이 세계 최강이라는 사실을 다시 한 번 입증하였다. 비록 해전에서는 영국에 밀렸지만 지상 전투에서는 나폴레옹을

:: 트라팔가르 해전

당할 상대가 없었다. 나폴레옹은 그해 12월 체코의 아우스터리츠 전투에서 신성 로마 제국과 러시아 동맹군과 싸워 이겼다.

전투에 패한 러시아는 동쪽으로 후퇴했고 신성 로마 제국은 영토 일부를 프랑스에 넘겨주어야 했다. 프랑스는 중부 유럽과 남부 유럽을 지배하는 강국이 되었다. 나폴레옹은 1806년 베를린에 입성해 전 유럽에 법령을 선포하면서 유럽의 지배자가 되었다. 베를린 칙령이라 부르는 이 법령에서 나폴레옹은 한 가지 의미 있는 선언을 했다.

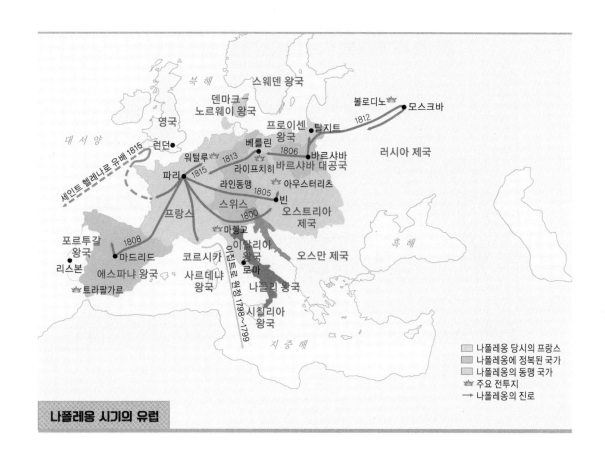

**나폴레옹 시기의 유럽**

범례:
- 나폴레옹 당시의 프랑스
- 나폴레옹에 정복된 국가
- 나폴레옹의 동맹 국가
- 주요 전투지
- 나폴레옹의 진로

지도 내 지명:
북해, 스웨덴 왕국, 덴마크-노르웨이 왕국, 볼로디노, 모스크바, 프로이센 왕국, 틸지트, 1812, 영국, 대서양, 런던, 베를린, 러시아 제국, 워털루, 1813, 바르샤바, 1806, 바르샤바 대공국, 파리, 1815, 라이프치히, 라인동맹, 아우스터리츠, 프랑스, 스위스, 1805, 빈, 오스트리아 제국, 1800, 마렝고, 흑해, 포르투갈 왕국, 1808, 이탈리아 왕국, 오스만 제국, 리스본, 마드리드, 코르시카, 로마, 에스파냐 왕국, 사르데냐 왕국, 나폴리 왕국, 트라팔가르, 시칠리아 왕국, 이집트로 원정 1798~1799, 지중해, 세인트 헬레나로 유배 1815

"유럽의 어느 나라도 영국과 물건을 사고팔아서는 안 된다."

이것이 유명한 대륙 봉쇄령이다. 대륙 봉쇄령은 프랑스의 적국인

영국을 유럽에서 완전히 고립시키겠다는 생각에서 나온 것이다.

# 🐎 대륙 봉쇄령 무시한 러시아를 공격

나폴레옹이 유럽을 마음대로 주무르는 것을 다른 나라 국민들이 가만히 보고만 있지는 않았다. 1808년 나폴레옹이 자기 형을 에스파냐 왕으로 앉히려 하자 에스파냐 민중들이 거세게 저항했다. 프랑스군이 잔인하게 진압했지만 저항은 결코 수그러들 줄 몰랐다.

티롤 지방의 농민들도 가만있지 않았다. 티롤은 나폴레옹이 신성 로마 제국으로부터 빼앗은 땅이다. 오늘날의 독일인 프로이센에서도 나폴레옹 독재에 저항하는 움직임이 일어났다. 나폴레옹의 지배를 받는 동안 유럽 여러 나라에서 프랑스의 혁명 이념인 자유를 얻기 위해 민족주의 운동이 크게 일어난 것이다.

그러나 이런 민족주의 운동이 나폴레옹의 운명을 끊어 놓지는 못했다. 그러던 중 러시아가 대륙 봉쇄령을 무시하고 영국과 무역을 시작했다. 가뜩이나 여기저기서 저항이 일어나 위태롭던 터에 러시아가 대륙 봉쇄령을 무시하고 나오자 나폴레옹은 1812년 러시아 원정길에 올랐다.

나폴레옹은 직접 60만 대군을 이끌고 모스크바로 향했다. 모스크바에 입성할 즈음 찬바람이 불어오기 시작했다. 나폴레옹 군대는 한두 차례 전투를 치르며 모스크바에 입성했지만 성 안은 텅 비어 있었다. 뒤이어 모스크바 교외가 불타고 있다는 소식이

**프로이센**
신성 로마 제국의 일부였으며, 제국이 멸망한 후 비스마르크의 활약으로 독일 연방을 통일한 나라

:: 퇴각하는 나폴레옹 군대

들려왔다. 러시아군이 프랑스 군대의 공격을 저지하기 위해 주변의 시설과 자원을 모두 없애버린 것이다. 나폴레옹 원정군은 머물 곳도, 먹을 것도 없어 철수할 수밖에 없었다.

러시아 군대의 가장 강력한 무기는 추위였다. 퇴각하던 프랑스 병사들은 추위에 얼어 죽고, 굶어 죽었다. 엎친 데 덮친 격으로 뒤쫓아 온 러시아 기병의 기습을 받아 고전했다. 나폴레옹은 간신히 러시아를 빠져나왔다. 그때 살아 돌아온 병력이 원정대의 20분의 1 정도에 지나지 않았다. 훗날 히틀러도 모스크바로 쳐들어갔다가 나폴레옹처럼 실패했다. 러시아와의 전투에서 패배한 것이 전쟁의 패배로 이어진 것도 똑같았다.

러시아 원정 실패는 나폴레옹에게 큰 타격을 안겨 주었다. 다음 해 나폴레옹은 독일 라이프치히 근방에서 유럽 연합군에 패해 황제 자리에서 쫓겨났다.

## 엘바 섬에 유배당한 나폴레옹

황제 자리에서 쫓겨난 나폴레옹은 대서양에 있는 엘바 섬에 갇혔다. 그를 몰아낸 유럽의 왕들이 오스트리아 빈에 모여 유럽의 장래를 이야기하는 동안 그는 재기할 기회를 엿보고 있었다. 그리고 마침내 그는 엘바 섬을 탈출, 파리로 돌아왔다.

## 엘바 섬에서 탈출 후 워털루 전투에서 패배

그가 엘바 섬을 탈출한 때는 1815년. 그는 병사 몇 명만 데리고 프랑스에 도착해 자기를 지지하는 농민들과, 자기와 싸우러 온 군인들을 자기편으로 만들어 의기양양하게 파리에 입성했다. 그러고는 다시 황제 자리에 올랐다.

나폴레옹을 섬에 가두고 빈에 모여 낮에는 회의를 하고 밤에는 왈츠를 추던 유럽 왕들은 경악했다. 그들은 나폴레옹이 인류의 적이라 선언하고 그를 퇴출시킬 작전을 짰다. 영국의 웰링턴 공작이 이끄는 군대와 블뤼허가 이끄는 프로이센 군대가 나폴레옹 군대와 싸우기 위해 오늘날 벨기에 지방인 워털루에 모여들었다.

나폴레옹도 군대를 이끌고 워털루로 향했다. 워털루에는 팽팽한 긴장감이 감돌았다. 당대 최고 군사 전략가인 나폴레옹과 웰링턴이 맞붙었으니 그럴 만했다. 전투 결과는 어땠을까? 1815년 6월 나폴레옹은 워털루 전투에서 웰링턴에게 참패를 당했다. 이번에도 나폴레옹은 영국군에게 무릎을 꿇어야 했다. 워털루 전투는 나폴레옹의 100일 천하를 무너뜨렸고, 20여 년 지속된 나폴레옹 전쟁에 마침표를 찍었다.

나폴레옹은 또다시 황제 자리에서 쫓겨나 프랑스를 떠나야 했다. 그리고 한 번도 이겨본 적이 없는 영국의 처분에 따라야 하는 신세가 되었다. 영국은 나폴레옹을 대서양 한 가운데 있는 세인트헬레나 섬에 가두어 버렸다. 나폴레옹은 그곳에서 회고록을 쓰며 남은 일생을 마쳤다.

나폴레옹이 유럽을 지배하는 동안 유럽에는 많은 변화가 일어났다. 프랑스에서는 프랑스 혁명의 성과가 나폴레옹 독재로 빛이 바랬지만 다른 유럽 국가에서는 나폴레옹 원정으로 말미암아 프랑스 혁명 이념이 널리 전파되었다. 프랑스의 지배 아래서 억압받았던 여러 나라 국민들이 저항하는 과정에서 프랑스 혁명 이념인 자유 평등 박애를 몸소 느끼게 되었다. 또한 유럽 각국은 나폴레옹 지배에 저항하면서 자연스레 민족의식이 싹텄는데, 이것이 근대 국민 국가 형성에 크게 이바지했다.

# 프랑스에서 일어난 혁명의 불길

프랑스 혁명보다 100년 전에 영국이 청교도 혁명, 명예혁명, 산업 혁명으로 혁명 3종 세트를 완성했다고 소개했지만, 누가 뭐래도 혁명의 대명사는 프랑스다. 프랑스는 나폴레옹이 유럽을 한바탕 휩쓸고 지나간 이후 서너 차례 혁명을 일으켜 사회 변혁을 꾀했다.

나폴레옹이 물러가고 유럽 각국은 오스트리아 빈에 모여 유럽을 도대체 어떻게 끌고 갈 것인지에 대해 의견을 나눴다. 이 회의에서 각국 왕들은 대체적으로 옛 왕정을 복구하는 보수 반동 체제로 돌아가야 한다는데 의견을 모았다. 이를 빈 체제라 부른다. 유럽에 보수적인 빈 체제의 기운이 감도는 가운데 프랑스 왕 샤를 10세는 1830년 7월 자신에 반대하는 의원들이 모여 있는 의회를 해산한다고 발표했다.

이에 대한 반발로 공화당 의원들을 중심으로 봉기가 일어나 국왕군과 대결하게 되었다. 파리 시민들이 이에 가세해 파리 시내에 저지선인 바리케이드를 치고 샤를 10세가 내린 칙령을

:: 민중을 이끄는 자유의 여신

철회하라고 요구했다. 국왕군이 시민들을 진압하자 시위가 거세져 결국 샤를 10세가 퇴위하고 루이 필리프가 왕위에 올랐다. 1830년 7월 파리에서 일어난 민중 봉기를 7월 혁명이라 부른다. 들라크루아가 그린 〈민중을 이끄는 자유의 여신〉에서 7월 혁명의 분위기를 느낄 수 있다.

자유주의 성향이 강했던 루이가 왕이 되었지만 프랑스는 여전히 왕정 국가였다. 7월 왕정을 이끄는 루이 필리프는 시간이 지나면서 노동자와 민중들에게 억압적인 자세를 보였다. 그러자 중소 브르주아와 농민, 노동자들이 선거권 확대를 요구하며 시위를 벌였다. 루이 왕이 거부하자 1848년 2월 22일 파리 민중들이 봉기를 일으켜 3일간 정부군과 시가전을 벌였다. 이때 민중들의 승리로 루이 필리프가 물러나고 공화정이 선포되었다. 왕정을 무너뜨린 이때의 민중 봉기를 2월 혁명이라 부른다. 2월 혁명 결과 선거를 할 수 있는 국민은 16만 명에서 900만 명으로 늘어났다. 그러나 국민들은 선거에서 나폴레옹의

:: 나폴레옹 3세

조카인 루이 나폴레옹을 대통령으로 뽑았다. 원조 나폴레옹 황제가 전쟁을 일으켜 괴롭긴 했지만 그래도 그때가 경제는 좋았다고 생각한 시민들이 나폴레옹의 조카를 대통령으로 선택한 것이다. 그 결과는 참담했다. 대통령이 된 루이 나폴레옹은 자신 스스로 종신 대통령이 되더니 스스로 황제 자리에 올랐다. 그래서 프랑스는 다시 황제가 다스리는 제국이 되었다. 공화정도 아니고 왕정도 아닌 제정으로의 복귀는 역사를 완전히 거꾸로 돌리는 것이었지만 나폴레옹 3세는 1870년 프랑스 프로이센 전쟁이 일어날 때까지 황제 자리를 지켰다.

1871년 프랑스 프로이센 전쟁에서 패한 이후 프랑스는 사회주의 자치 정부인 파리 코뮌을 세웠다. 사회주의 혁명의 모체로 평가받는 파리 코뮌은 70일 간의 혁명 정부를 유지하다 정부군에 의해 강제 진압되었다. 제2차 세계대전 때 프랑스는 독일에 점령당했는데, 드골이 국외에서 임시정부를 이끌어 오다가 종전 후 파리로 돌아와 공화국을 선포했다.

# 아편 전쟁
### 제국주의 영국의 중국 침략기

나폴레옹이 일으킨 전쟁의 회오리가 가라앉을 무렵 유럽의 태양은 영국의 머리 위에서 빛나기 시작했다. 오늘날 중국이 그런 것처럼 19세기는 영국이 '세계의 공장'이었다. 산업 혁명에 성공한 영국은 더 많은 물건을 만들기 위해 더 많은 원료가 필요했고, 그 원료로 만든 물건을 내다 팔 더 많은 시장이 필요했다. 영국은 새로운 시장, 좋게 말해 시장이지 실은 식민지를 찾아 아프리카로, 아시아로 증기선을 띄웠다.

영국이 눈독을 들인 거대 시장 가운데 하나는 중국 청나라였다. 청나라는 무역을 확대해 달라는 영국의 요구를 무시했다. 그러자 영국은 청나라를 강제로 개방시키기 위해 중국과 전쟁을 벌였다. 이것이 1840년 일어난 아편 전쟁이다. 아편 전쟁은 마약의 일종인 아편을 둘러싸고 영국과 중국이 벌인 전쟁인데, 도대체 무슨 사연이 있길래 영국이 아편 때문에 전쟁을 벌인 것일까?

아편 전쟁은 홍차와 관련이 있다. 영국인들은 홍차를 즐겨 마셨다. 영국은 홍차를 중국에서 수입했는데, 영국은 홍차를 열심히 수입한 반면 청나라는 영국이 만든 면직물과 모직물을 조금밖에 수입하지 않았다. 그러다 보니 문제가 생겼다. 영국은 홍차를 사 올 때 은화를 주고 사 왔다. 21세기 미국 달러가 국가 간 거래에 사용되는 것처럼 그 당시에는 은화를 사용하였다.

홍차 수입이 점점 늘어나자 영국이 보유하고 있던 은화가 청나라로 흘러 들어갔다. 이러다가는 영국에 있는 은화가 바닥날 지경이었다. 은화가 바닥나면 어떻게 될까? 1997년 우리나라가 겪었던 외환위기를 겪게 될지 몰랐다. 그래서 영국은 청나라에 특사를 보내 광저우 한 곳에서만 무역을 허가하지 말고 좀 더 많은 곳에서 보다 많은 종류의 물건을 거래하자고 요청했다. 하지만 청나라는 이를 거부했다. 대략 이런 취지로.

"우리는 부족한 것이 없는 나라다. 그러니 너희 나라 물건을 들여다가 유통시킬 이유가 없다. 특별히 은혜를 베풀어 우리가 지정해 준 무역항에서 계속 무역을 하도록 허락해 줄 테니 더 이상은 얘기하지 마라."

영국 왕실과 의회와 제조업자와 무역 상인은 고민에 빠졌다. 무역 적자를 없애야 하는데 중국이 저렇게 나오니 참 난감한 일이었다. 가뜩이나 산업 혁명으로 마구 쏟아지는 물건을 내다 팔

시장이 필요한 마당에 최대 시장으로 생각했던 청나라에서 무역 적자를 내고 있으니 속이 탈 노릇이었다.

하지만 영국은 그렇게 만만한 나라가 아니었다. 아메리카로 이민 가 원주민인 인디언을 내쫓고 아메리카 식민지를 건설한 나라, 인도를 손에 넣어 공업 연료를 확보하고 다시 그곳에 물건을 내다 파는 나라, 아프리카를 종단하며 식민지 건설에 박차를 가하던 해가 지지 않는 나라였던 것이다.

영국은 영국인들이 홍차를 좋아하는 것처럼 중국인들이 좋아하는 물건이 반드시 있을 것이라 생각했다. 영국은 그것을 찾기 시작했고 마침내 찾아냈다. 그것은 다름 아닌 마약의 일종인 아편이었다.

## 🐎 무역 불균형을 해소하기 위해

아편은 청나라가 이미 조금씩 수입하던 물품이었다. 하지만 아편 무역은 나라의 허가를 받고 하는 무역이 아니라 몰래 들여오는 밀거래 무역이었다. 영국은 인도에서 재배한 아편을 청나라에 몰래 팔기 시작했다.

영국의 작전은 대성공이었다. 청나라 사람들은 아편을 무척 좋아했다. 1830년대 청나라 인구가 4억 정도였는데 아편 중독자가

2백만 명에 달했다. 아편 수요가 늘어나자 청나라는 거듭 아편 금지령을 내렸다. 하지만 아편 중독자는 늘어만 갔다. 농민도 피우고, 정부 관리도 피우고, 군인도 피우고, 할아버지도 피우고, 아버지도 피우고…….

청나라에서 아편이 인기를 끌자 영국은 신이 났다. 드디어 홍차를 수입하는 양보다 청나라가 아편을 수입하는 양이 많아졌다. 아편 덕분에 청나라로 흘러 들어가던 은화가 거꾸로 영국으로 흘러 들어가게 되었다. 아편 때문에 건강 해치고, 나라 기강은 해이해질 대로 해이해지고, 은화가 영국으로 밀물처럼 빠져나가자 나라 살림은 어려워지고, 은값이 뛰어 은으로 세금을 내는 농민들은 더욱 궁핍해졌다. 청나라로서는 도저히 두고 볼 수만은 없게 되었다.

청나라 조정은 해결책을 찾기 시작했다. 일부 관리는 아편을 하루아침에 근절할 수 없으므로 아편 수입을 합법화하고 아편 대신 양귀비를 재배해 마약을 만들고 군인과 공무원이라도 일단 금지시키자고 주장했다. 그러나 아편에 대해 강경한 입장을 가진 관리들은 아편을 끊을 수 있는 기간을 주고, 그 뒤에도 계속 피우면 엄중 처벌을 해서라도 아편을 금지해야 한다고 주장했다. 청 황제는 강경파의 손을 들어주었다.

그렇게 해서 아편 전쟁이 벌어지기 한 해 전인 1839년, 황제의

:: 임칙서

특별 명령을 받은 임칙서가 광저우에 파견되었다. 이때부터 아편과의 전쟁이 시작되고 그것은 아편 전쟁으로 이어졌다. 임칙서는 아편과의 전쟁을 선포하고 아편굴 운영자와 아편을 몰래 거래하는 사람들을 체포하고 눈에 띄는 아편을 모두 불태워 버렸다.

이 기막힌 소식이 영국에 전해졌다. 영국 의회는 더 이상 청나라에 아편을 팔아먹기 어렵다고 판단하자 중국과 전쟁을 하기로 결정했다. 무력을 동원해서라도 아편 무역을 하겠다는 것이었다. 이런 결정에 따라 1840년 영국과 중국의 아편 전쟁이 시작되었다. 이 전쟁은 3년 동안 계속되었는데, 그 사이 무적을 자랑하는 영국 함대가 광저우와 톈진 등 중국 연안을 장악했다. 청나라는 영국 함대를 물리칠 힘이 없었다. 조정은 부패할 대로 부패해 영국군에 패할 수밖에 없었다. 결국 청나라는 영국에 패해 굴욕적인 난징 조약을 체결했다 1842년.

## 영국, 아편 팔아 산업 혁명

수천 년 동안 지구촌에서 벌어진 전쟁은 영토, 종교, 이념, 민족 등 원인도 가지가지다. 전쟁을 벌이는 나라들은 민족이니 종교니 이념이니 하며 거창한 명분을 내걸지만 전쟁을 벌이는 가장 중요한 이유는 경제적인 문제다. 경제가 그토록 중요하더라도 아편 전쟁은 좀 심했다. 영국은 인도 농민에게 아편을 재배시켜 중국에 밀수출했다. 아편 밀수는 대단히 성공적이었고, 영국은 이렇게 번 돈으로 중국산 차를 사고 나머지는 본국의 산업 혁명 자금으로 사용했다. 이에 불만과 분노가 쌓인 중국이 아편을 불사르자 영국이 군대를 파견해 전쟁이 시작되었다. 이것이 아편 전쟁이 일어난 배경이다.

 영국에 패한 청, 홍콩 넘겨 주다

난징 조약은 왜 청나라에게 굴욕적이었을까? 조약 속에 답이 있다. 난징 조약으로 청나라는 영국 상인이 자유롭게 무역을 할 수 있도록 광저우와 상하이 등 청나라의 다섯 항구를 개방해야 했다. 홍콩을 영국에 넘겨 그곳을 영국이 통치하도록 했다. 홍콩은 이후 155년 동안 영국이 통치하다가 1997년 중국에 반환했다. 청나라는 엄청난 배상금을 영국에 지불해야 했다. 그리고 아편 전쟁의 원인이 되었던 아편 문제에 대해 청나라가 일체 간섭하지 않겠다는 내용도 들어 있었다. 청나라는 조약이 이토록 불평등하고 굴욕적이었음에도 패전국으로서 어쩔 수 없이 서명할 수밖에 없었다.

하지만 영국은 아편 전쟁이 끝난 뒤에 기대만큼의 성과를 올리지 못했다. 조약 체결 이후 영국은 청나라에 면제품을 수출했지만 청나라에서 영국산 물품은 여전히 인기가 없었다. 청나라 농촌에서 생산하는 면직물이 값이 싸고 품질이 좋아서 굳이 영국산 면직물을 살 필요가 없었기 때문이다. 영국은 아편을 제외하고는 잘 팔리는 물품이 없었던 반면에, 중국은 상당량의 차와 비단을 팔았다. 영국 입장에서 보면 수입 초과 현상이 나타난 것이다.

영국은 다시 고민에 빠졌다. 영국은 자기네 제품이 잘 팔리지 않는 이유가 내륙 지방까지 제대로 침투하지 못했기 때문이라고 생각했다. 그래서 영국은 청나라에 조약을 개정하라고 요구했다. 영국 상품이 중국 내륙 깊숙이 들어갈 수 있도록 북쪽의 대도시를 추가로 개방하고, 아편 무역을 합법화하며, 외국 사절이 베이징에 머무를 수 있도록 하자는 내용이었다.

그러나 중국은 그렇게는 못하겠다고 버텼다. 이에 화가 난 영국은 프랑스와 미국 등 이미 중국 땅을 넘보고 있던 다른 나라와 힘을 합쳐 청나라를 제압할 궁리를 하기 시작했다.

## 애로호 사건을 빌미로 제2차 아편 전쟁 시작

영국은 지난번처럼 무력을 사용할 빌미를 찾고 있었다. 그즈음 애로호 사건이 터졌다.

1856년 10월 8일. 청나라 관리가 애로호라는 배에 올라가 청나라 범죄자를 체포한 일이 있었다. 그러자 영국은 청나라 관리가 영국 배에 올라와 마음대로 선원을 데려간 것과 그 과정에서 영국 국기를 모독한 것을 사과하라고 요구했다.

이에 청나라는 그 배는 청나라 사람이 소유한 배라고 해명했다. 또한 영국 국기를 모독한 적도 없다며 사과하지 않았다. 그러자 영국은 그해 12월 또다시 청나라와 전쟁을 시작했다. 이번에는 프랑스도 끌어들였다. 프랑스는 그전 해에 청나라에서 불법으로 포교 활동을 하던 프랑스 선교사가 처형된 사건을 구실로 전쟁에 합세했다. 영국과 프랑스 연합군은 베이징 아래 톈진까지 밀고 들어가 결국 톈진 조약을 체결했다1858년. 톈진 조약으로 청나라는 외국 공사가 베이징에 주재할 수 있도록 하며, 양쯔 강 유역의 도시와 더 많은 항구를 개방하고, 외국인이 중국 내륙을 여행하고 자유롭게 포교 활동을 할 수 있도록 했으며, 양쯔 강과 여러 항구에 영국 군함이 들어올 수 있도록 했다.

톈진 조약은 1년 안에 수도 베이징에서 비준하기로 되어 있었다. 그러나 청나라는 제국의 수도에서 그런 치욕을 당하는 게 꺼림칙해 상하이에서 강행하려 했다. 그러다가 충돌이 벌어져 연합군 함대가 파괴되었다. 이에 연합군은 1860년 대군을 파견하여 10월에 수도 베이징을 함락하고 결국 베이징 조약을 체결했다. 베이징 조약에서 톈진 조약 내용이 그대로 인정되었다. 이렇게 해서 애로호 사건이 발단이 되어 벌어진 제2차 아편 전쟁이 끝이 났다.

아편 전쟁이 끝나자 청나라는 서구 열강의 각축장으로 변했다. 영국, 프랑스, 미국, 독일, 심지어 일본까지 흡혈귀처럼 중국 땅으로 몰려들었다. 중국의 마지막 왕조인 청나라는 중국 역사상 가장 치욕스럽고 불명예스러운 시대를 맞이해야 했다.

## 중국이 졌다고? 조선 비상!

두 차례의 아편 전쟁에서 청나라가 패하는 것을 지켜 본 조선은 큰 충격을 받았다. 2천 년 동안 아버지의 나라로 떠받들던 중국이 패했다는 사실, 그리고 그런 중국을 무너뜨린 세력이 낯선 서양 세력이었다는 사실 때문이었다. 그 낯선 세력이 조선에 들어와 통상을 요구했을 때 조선은 나라의 문을 열기보단 쇄국 정책을 택했다. 1866년 조선은 통상을 요구하는 프랑스 군대와 싸웠고, 1871년에는 미군 함대와 전쟁을 벌였다. 이것이 병인양요와 신미양요다. 두 차례 서양 세력과 싸워 이긴 조선은 더욱 강력한 쇄국 정책을 펼쳤지만 이웃 나라 일본의 개방 요구에 굴복해 결국 나라의 문을 열게 된다. 이것이 1876년 일본과 체결한 강화도 조약이다. 강화도 조약 체결 뒤 조선은 일본과 서구 열강의 이권 침탈에 시달리며 서서히 몰락의 길을 걷게 된다.

태평천국의 수도

청

애로호 사건
1856

태평천국 봉기
1851

톈진

고당

카이펑

청두

한커우

우창 주장

창사

구이린

금전촌(진텐춘)

마카오 홍콩

하이난 섬

즈푸

난징 상하이

닝보

아모이

광저우

지룽

타이완(일)

한성

조선

울릉도

독도

부산

황해

동중국해

남중국해

→ 태평천국군의 진로
○ 난징 조약에 의한 개항장
☐ 태평천국군의 점령 지역
→ 아편 전쟁 시의 영국군 진로

**아편 전쟁과 태평천국 운동**

# 전쟁 이후의 역사

## 아편 전쟁 이후
## 태평천국운동과 양무운동

아편 전쟁이 끝난 뒤 청나라는 막대한 전쟁 배상금을 영국에 물어야 했다. 이것은 결국 농민들 부담이 되었다. 이 때문에 농민들은 더욱 살기가 어려워지고 불만의 목소리가 높아졌다. 이러한 농민들이 일으킨 봉기가 1851년 일어난 태평천국운동이다.

태평천국운동은 태평스런 천국을 지상에 건설하려는 운동이었다. 홍수전과 양수청 등은 중국 남부에서 종교 결사체를 만들어 민중을 끌어들였다. 그러고는 청나라 통치에 반대하는 봉기를 일으켰다. 이들은 국호를 태평천국이라 정하고 14년 동안 청에 대항했다.

짧은 기간 안에 이들은 농민들로부터 많은 지지를 받았는데, 그 이유는 태평천국은 토지를 균등하게 분배하고, 남녀 차별을 없애 이상 사회를 건설하자고 주장했기 때문이다. 하지만 태평천국 내에서 내분이 일어나 세력이 약화되어 갔다. 급기야 제2차 아편 전쟁이 끝난 1860년 이후 청 조정은 서양 열강과 연합해 대대적인 토벌 작전을 펼쳤다. 그 결과 1864년 태평천국의

:: 태평천국운동

수도인 난징이 함락되었다. 당시 청 실권자인 서태후는
태평천국운동을 청에 대한 반란이라고 깎아 내렸고, 훗
날 신해혁명(1911년)을 일으킨 쑨원은 혁명이라 규정했다.

　아편 전쟁을 겪으며 청은 서양의 뛰어난 군사력을 절
감했다. 이에 따라 청나라에서는 서양의 군사와 과학 기
술을 배우고 받아들여 강대국이 돼야 한다는 움직임이
일어났다. 청은 서양의 기술 전문가를 초빙하고 근대적
인 군수 공장을 설립하고 철도와 광산을 개발하고 신식
학교를 설립하고 유학생을 선발해 외국에 파견했다. 또
한 서양의 군사 교관을 초빙해 군대를 훈련시키고 근대

:: 서태후

화된 해군을 창설했다. 이러한 북국 강병 움직임을 양무운동이라 부른다.

　그러나 양무운동은 의식이나 제도의 개혁 없이 서양의 기계와 기술만 도입하려 한 한계가
있었다. 이러한 현상을 ‘중체서용’이라 하는데, 중체서용이란 중국의 전통적인 유학 바탕 위에서
서양의 과학 기술을 도입해 부국강병을 꾀하자는 주장이다. 양무운동은 또한 체계적이고
일관성 있게 추진되지도 못해 큰 성과를 거두지 못했다. 반면 일본은 미국에 문호를 개방한 뒤
과감한 개혁을 통해 제국주의 길로
들어섰고, 결국 청일 전쟁에서 청나
라에 패배를 안겨 주었다.

:: 양무운동

# 크림 전쟁

## 유럽 강대국으로 도약하려는 러시아의 몸부림

아편 전쟁에 패해 청나라가 정신 못 차리고 있을 무렵, 러시아는 흑해에서 오스만튀르크, 영국, 프랑스 연합군과 힘겨운 싸움을 벌였다. 전쟁터가 흑해의 크림 반도였기 때문에 이 전쟁을 크림 전쟁이라 부른다. 전쟁은 비참했지만 등불을 든 천사 나이팅게일의 헌신적인 간호 활동이 빛을 발했다. 그나저나 러시아는 왜 이 전쟁을 벌인 것일까?

크림 전쟁이 일어나기 약 160여 년 전 러시아는 표트르 대제가 통치하고 있었다. 표트르 대제는 키가 2m가 넘고 얼굴이 잘 생긴 황제였다. 그는 러시아가 서유럽의 프랑스, 영국, 독일처럼 힘센 나라가 되기를 바랐다.

그렇게 되려면 항구를 통해 넓은 세계

:: 표트르 대제

로 나가야 했다. 러시아는 세계에서 가장 넓은 땅덩어리를 가졌지만 가장 추웠다. 너무 추워서 1년 내내 얼지 않는 항구, 즉 부동항이 없었다. 항구가 있어야 다른 나라와 교역도 하고, 전함을 몰고 나가 다른 나라 땅도 차지할 텐데 말이다.

표트르 대제는 고민하다가 발트 해 연안에 항구 도시를 건설했다. 그러고는 발트 해의 강국인 스웨덴을 꺾고 제해권을 장악했다. 그는 한 발 더 나가 수도를 모스크바에서 새로 만든 도시인 **페테르부르크**로 옮겼다. 그러고 나서 발트 해를 통해 세계 시장으로 나가려는데, 서유럽 강국들이 러시아를 경계하고 나섰다.

"러시아, 거기까지!"

**페테르부르크**
구 소련 시절 레닌그라드로 불리다가 오늘날 상트페테르부르크로 불리는 도시

## 🐎 남쪽으로 방향을 돌려라!

서유럽 강국들 때문에 발트 해를 통해 세계로 진출하려던 꿈이 좌절되자 러시아 **차르**들은 남쪽의 흑해 방면으로 진출을 꾀했다. 1825년 새 차르가 된 니콜라이 1세는 흑해 진출 정책을 강력하게 밀어붙이기로 마음먹었다. 흑해를 통해 에게 해로 진출하고, 에게 해를 지나 지중해로 나가 서유럽과 교역하고 아프리카에 식민지를 건설할 생각이었다.

그러려면 가장 먼저 흑해를 장악하고 있는 오스만튀르크를 제

**차르**
러시아에서 황제를 일컫는 말

:: 크림 전쟁

압해야 했다. 니콜라이 1세는 어떻게 하면 오스만튀르크를 제압할까 고민했다. 동로마 제국을 무너뜨릴 정도로 강한 오스만튀르크였지만 당시는 힘이 많이 빠져 그다지 어려울 것 같지 않았다. 그래도 전쟁을 하려면 뭔가 구실이 있어야 하는데 그것을 찾기가 쉽지 않았다.

그럴 즈음 오스만튀르크에서 흥미로운 사건이 벌어졌다. 오스만튀르크 영토 내에 기독교 성지 예루살렘이 있었다. 이 성지를 16세기 이후 프랑스가 관리하고 있었는데, 프랑스에서 혁명이 일어나 관리를 제대로 하지 못했다. 그 틈에 그리스 정교들이 관리권을 차지해 버렸다. 프랑스 혁명이 끝난 뒤 황제가 된 나폴레옹

3세는 국민들의 환심을 사려고 오스만튀르크 정부로부터 성지 관리권을 빼앗았다. 그러자 러시아의 니콜라이 1세가 그것을 물고 늘어졌다.

"오스만튀르크에는 우리 그리스 정교도들이 많다. 프랑스가 그렇게 나온다면 우리도 그곳에 가서 그리스 정교도를 보호해야 할 권리가 있다. 오스만튀르크 정부는 우리에게 그 권리를 달라."

그러나 프랑스에게 도움을 받고 있던 오스만튀르크는 러시아의 제의를 거절했다. 그러자 화가 난 니콜라이 1세는 1853년 7월 오늘날의 루마니아 땅을 점령했다. 이로써 크림 전쟁의 막이 올랐다.

그리스 정교
동로마 제국의 국교로서 콘스탄티노폴리스를 중심으로 발전한 기독교의 한 종파. 동로마 제국 멸망 후 러시아와 동유럽에서 성해 러시아 정교라고도 한다.

##  오스만튀르크와 영국 프랑스, 러시아 남하 저지

영국과 프랑스는 러시아가 오스만튀르크를 호시탐탐 노리고 있다는 것을 알고 있었다. 오스만튀르크가 뚫리면 러시아가 그리스를 지나 지중해로 진출하는 것은 식은 죽 먹기라는 사실도. 그래서 긴장한 채 러시아의 움직임을 예의 주시하고 있는데, 우려했던 일이 현실로 나타난 것이다.

영국, 프랑스, 오스만튀르크는 러시아의 남하를 막기 위해 연합군을 결성했다. 이제 연합군이 러시아와 맞붙는 건 시간문제처럼 보였다. 그러나 러시아와 연합군이 바로 충돌하지는 않았다. 러시

:: 크림 전쟁에 참전한 오스만튀르크 군대

아는 연합군과의 충돌을 우려해 일단 점령지에서 빠져나왔다. 그러자 이번에는 연합군이 가만있지 않았다. 영국과 프랑스는 이 기회에 러시아를 혼내 줘야 한다고 생각했다.

1854년 9월 영국, 프랑스, 오스만튀르크 연합군은 흑해 북쪽 연안의 크림 반도에 약 6만 대군을 상륙시켰다. 러시아 해군이 주둔해 있는 세바스토폴을 공격하기 위해서였다. 연합군은 세바스토폴을 바로 공격하지 않고 보급 기지인 발라클라바로 향했다. 그곳에서 몇 주 동안 세바스토폴을 포위하고 있는 연합군에게 보급품을 전달할 계획이었다.

:: 세바스토폴 전투

1854년 10월 발라클라바에서 연합군의 보급로를 차단하려는 러시아군과 러시아군의 공격을 저지하려는 연합군 사이의 전투가 벌어졌다. 이 전투에서 영국 기병은 러시아 포대를 정면으로 공격하다가 뼈아픈 패배를 맛보았다.

그렇다고 러시아군이 승리를 거뒀다고 보기도 어렵다. 러시아군은 그 뒤 참호를 파고 그 속에서 전투를 치렀는데, 한겨울 폭풍우로 참호가 물에 잠기는 바람에 많은 병사들이 병에 걸려 죽었다.

영국 쪽도 사정은 마찬가지였다. 콜레라가 병사들 사이에 퍼져 어떤 날은 싸우다 죽은 병사보다 콜레라에 걸려 죽은 병사 수가 더 많을 정도였다. 이러한 참상이 영국 런던에 전해졌다. 어느 날 아침 크림 전쟁의 참상이 실린 「타임」지를 읽고 있던 간호사 한 사람이 입술을 깨물며 안타까운 표정을 지었다. 그 간호사는 크림 반도로 날아가서 부상당한 병사들을 보살펴 주고 싶은 욕구에 몸을 부르르 떨었다. 그녀의 이름은 플로렌스 나이팅게일이었다.

### 문제의 크림 반도

크림 반도는 우크라이나 남쪽에서 흑해로 불거져 나온 반도다. 흑해는 러시아, 터키, 불가리아, 루마니아, 우크라이나에 둘러싸인 바다다. 크림 반도는 현재 인구 200만 명이 살고 있으며 러시아계 주민이 60%, 우크라이나 주민이 24%를 차지한다. 크림 반도는 2014년 3월 러시아에 합병되었다. 1854년 크림 반도를 통해 에게 해로 진출하려는 러시아와 이를 저지하려는 영국, 프랑스 사이에 크림 전쟁이 벌어졌다. 크림 반도 남동쪽 연안에 제2차 세계대전 중인 1945년 2월 미국의 루즈벨트, 영국의 처칠, 소련의 스탈린이 모여 종전 처리 문제를 협의한 얄타가 있다.

##  전쟁터로 날아간 한 마리 새

나이팅게일은 1854년 10월 영국 정부로부터 오스만튀르크 주둔 영국 육군 병원 간호사 감독관에 임명되어 간호사 서른여덟

명을 이끌고 오스만튀르크로 향했다. 콘스탄티노폴리스 건너편 스쿠타리 해안에 도착한 나이팅게일은 연합군 야전 병원에서 간호 일을 시작했다.

:: 나이팅게일

야전 병원은 부상병을 일시적으로 치료하기 위해 전투 지역과 가까운 후방에 설치한 임시 병원인데, 나이팅게일이 일하는 야전 병원은 위상 생태가 무척 형편없었다. 병실 침대가 부족해 환자들이 병실 바닥과 복도에서 잠을 자고 있었고, 담요가 턱 없이 부족하고 악취가 났다. 병원 식당은 바퀴벌레와 쥐의 놀이터였고, 화장실 시절이 부족해 여기저기 오물이 널려 있었다. 이런 야전 병원으로 발라클라바 전투에서 부상당한 병사들이 쏟아져 들어왔다.

나이킹게일은 먼저 부상병들이 쾌적하게 쉴 수 있는 병원을 만들어야겠다고 생각했다. 그래서 빗자루와 걸레, 환자용 양말, 바지, 포크와 나이프, 변기 등을 사 달라고 병원에 요구했다. 병원은 나이팅게일의 요구를 거절했다. 나이팅게일은 자기 돈과 여기저기서 보내온 돈으로 필요한 물건을 샀다. 그리고 병원을 청소하고, 수술실 칸막이를 만들어 병원의 모습을 갖추어 나갔다.

세바스토폴을 공격하다가 부상당한 환자들이 나이팅게일이 일하는 병원으로 계속 밀려들었다. 나이팅게일은 환자를 돌보느라 밤낮이 따로 없었다. 밤이면 등불 하나를 들고 병실을 돌아다니며 환자들이 열은 없는지, 상처가 덧나지 않았는지를 세심히 살폈다. 어느새 환자들은 이런 나이팅게일을 등불을 든 천사라고 부르기 시작했다.

## 크림 반도에서 돌아온 용감한 나이팅게일

나이팅게일은 크림 반도에 도착해 그 자신도 풍토병을 앓았다. 이런 고통 속에서도 그의 헌신은 그치지 않았다. 전쟁이 끝나고 런던으로 돌아간 그는 간호사 양성소를 설립해 체계적으로 간호사를 양성하기 시작했다. 스위스인 앙리 뒤낭은 크림 전쟁의 참상과 그곳에서 자기 몸을 아끼지 않고 열심히 간호한 나이팅게일의 활약에 감동을 받아 훗날 국제 적십자를 창설했다. 이 공로로 뒤낭은 최초의 노벨평화상을 수상했다.

## 러시아 흑해 진출 실패! 아시아로 눈 돌려

1885년 여름이 가고 있었다. 그 사이 러시아 황제 니콜라이 1세가 화병으로 죽고, 알렉산드르 2세가 황제가 되었다. 그해 8월 연합군 함대가 세바스토폴을 함락하자 러시아는 마침내 백기를 들고 말았다.

:: 러일 전쟁

　크림 전쟁은 흑해를 통해 남하 정책을 펴는 러시아와 이를 저지하려는 영국과 프랑스 등의 연합군이 맞붙은 싸움이었다. 이 전쟁에 패한 러시아는 파리에서 파리 조약에 사인했다. 조약 체결 결과 러시아는 흑해에 함대를 배치할 수 없게 되었다. 흑해는 중립이 선언되어 무역을 하는 배는 자유로이 항해할 수 있었으나 군함은 일체 통과할 수 없게 되었다. 흑해 진출에 실패한 러시아는 이후 중국과 한반도 등 아시아로 진출을 꾀했으나 그 마저도 큰 성과를 거두지 못했다. 1905년에는 일본과 벌인 전쟁에서도 패해 제국의 체면을 구겼다.

　그렇다고 연합군이 정치적으로 큰 성과를 얻은 것은 아니었다.

단지 러시아가 남진하는 것을 일시적으로 중단시키고, 오스만튀르크가 몰락하는 것을 100년 정도 늦추는 데 이바지했을 뿐이었다.

그럼에도 크림 전쟁은 세계사에 미친 영향이 크다. 각종 발달된 기술들이 크림 전쟁에서 실험적으로 사용되었다. 첫째, 연합군 해군이 돛단배인 범선이 아닌 증기 기관선을 이용해 전보다 훨씬 쉽게 많은 병사와 물품을 실어 날랐다. 둘째, 전쟁 소식을 전파를 이용해 전달하는 기술을 선보였다. 전신 기술 덕에 런던과 파리 시민들은 전쟁터의 소식을 전보다 빠르게 접할 수 있었다. 셋째, 카메라 기술의 발달에 힘입어 전쟁 사진이 각국에 생생하게 전달되었다.

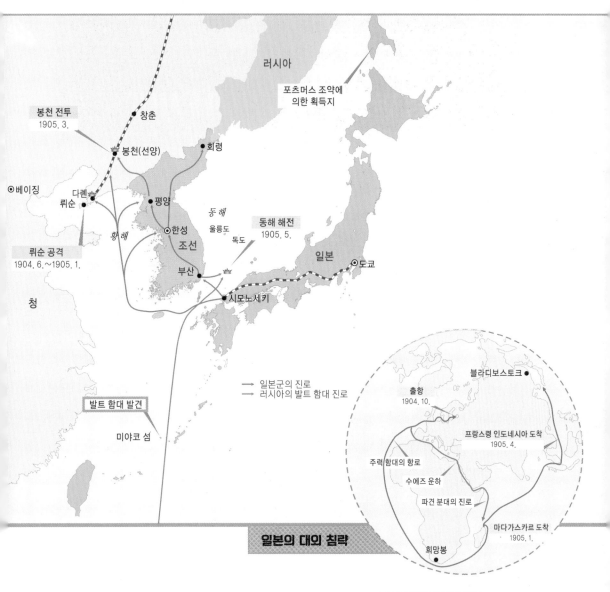

러시아

포츠머스 조약에
의한 획득지

봉천 전투
1905. 3.

창춘

봉천(선양)

회령

◎베이징

다롄

뤼순

평양

회령

황해

◎한성
조선

동 해
울릉도

독도

동해 해전
1905. 5.

뤼순 공격
1904. 6.~1905. 1.

일본

◎도쿄

청

부산

시모노세키

일본군의 진로
러시아의 발트 함대 진로

발트 함대 발견

미야코 섬

블라디보스토크 ●

출항
1904. 10.

프랑스령 인도네시아 도착
1905. 4.

주력 함대의 항로

수에즈 운하

파견 분대의 진로

마다가스카르 도착
1905. 1.

희망봉

**일본의 대외 침략**

▲ **러시아 발트 함대의 항로**
수에즈 운하를 지배하고 있던 영국이 러시아의
통과를 허락하지 않아 출발부터 7개월 이상이
걸려 도착하였다.

# 21세기 크림 전쟁, 크림 반도와 우크라이나 사태

오늘날 크림 반도를 둘러싼 미국과 러시아의 대결이 심상치 않다. 미국과 러시아는 제2차 세계대전 때 같은 편이었다. 소련은 히틀러의 침입을 받아 이를 물리치는 전쟁에서 무려 3000만 명의 군인과 민간인 희생자를 낳았다. 이런 희생을 치르고 소련은 독일군을 무찔러 독일이 제2차 세계대전에 패하는데 결정적인 역할을 했다.

그러나 제2차 세계대전이 끝난 뒤 미국은 적이 되었다. 미국은 자유 진영을 대표하는 국가로, 소련은 사회주의 국가를 이끄는 나라로 이른바 냉전 시대를 이끌어 왔다. 그러다가 1980년대 말 냉전이 해체되고 소련이 붕괴하면서 두 나라 사이의 대결 구도는 미국의 우세로 판정이 나는 듯했다. 그런데 최근 들어 러시아가 경제와 군사 강국으로 떠오르면서 두 나라 사이에 묘하고도 격한 대립이 예고되고 있다. 이른바 신냉전 시대.

신냉전 시대 혹은 냉전 2.0 시대의 시작을 알리는 결정적인 사태가 2014년 발생했다. 발생지는 크림 전쟁이 벌어졌던 바로 그 크림 반도이다. 크림 반도는 15세기 오스만튀르크 지배 이후 1783년 러시아가 병합하면서 러시아 영토에 귀속되었다. 그러다가 1954년 소련 사회주의 연방의 일원인 러시아가 또 다른 소련 연방 사회주의 국가인 우크라이나에 넘겼다. 그 뒤 잠깐 크림 반도 자치 공화국이 들어섰지만 소련 연방 해체 이후인 1992년 우크라이나 영토에 편입되었다.

2014년 우크라이나에서 대규모 반정부 시위가 벌어져 친러시아 성향의 우크라이나 대통령이 추방되었다. 그러자 러시아가 크림 반도를 무력으로 합병했다. 우크라이나 정부가 이에 반발했지만 크림 반도 주민들은 투표를 통해 러시아와의 합병을 96% 찬성했다. 하지만 그것으로 크림 반도와 우크라이나 사태는 끝나지 않았다. 러시아의 지원을 받는 반군이 우크라이나 동부를 장악하고 정부군과 맞섰다. 친서방 성향의 우크라이나 정부는 반군을 무력으로 진압했고 이 과정에서 수천 명의 희생자가 발생했다. 2015년 러시아와 우크라이나는 휴전에 합의했지만 전쟁의 불씨는 여전히 남아 있다.

친서방 우크라이나 정부를 지원하는 미국은 크림 반도와 우크라이나 사태에 대해 "러시아가 중동과 발칸 지역에 영향력을 확대하기 위해 크림 반도에 이어 우크라이나까지 정복하려 한다."며 러시아를 비난하고 있다. 그러나 여기에 대한 반론도 만만치 않다. "미국이 우크라이나를 나토에 가입시켜 러시아 안보를 위협하고, 우크라이나 내 '민주 정부'를 지원해 러시아를 견제하려 한 것이 우크라이나 사태의 발단이다."라고 미국을 비판한다. 러시아의 크림 반도 합병과 이에 대한 미국의 대응은 150년 전 그곳에서 벌어진 크림 전쟁의 모습과 많이 닮아 보인다.

**나토**
미국과 유럽 여러 나라의 군사 동맹

:: 크림 반도를 합병한 러시아

# 미국의 독립 전쟁과 남북 전쟁

## 미국은 어떻게 지구촌 경찰이 되었나

중세 시대 이후 유럽의 태양은 르네상스라는 이름으로 이탈리아 하늘 위에서 반짝였다. 이어 대서양과 접한 에스파냐와 포르투갈 항구에서 출발한 범선이 아메리카와 아시아와 아프리카를 찾아 나서는 대항해 시대가 시작되었고, 태양왕으로 불린 루이 14세는 프랑스를 유럽의 절대 강국으로 만들었다.

그 사이 영국에서 북아메리카로 건너간 유럽의 이민자들은 아메리카 원주민을 그 땅에서 밀어내고 아메리카합중국미국이라는 신생국을 출범시켰다. 산업 혁명에 성공한 영국은 인도와 아프리카를 돌며 식민지 건설에 박차를 가했다. 한동안 영국 하늘 위에서 비추던 유럽의 태양은 대서양 건너 북아메리카로 넘어갔다. 그곳에 영국 식민지에서 벗어나 장차 세계 강대국이 될 미국이 있었다.

아메리카 대륙은 북미와 중미 남미로 나뉜다. 아메리카라는 이름은 브라질을 탐험한 이탈리아 사람 아메리고 베스푸치를 기념

:: 포르투갈 범선

해 붙여졌다. 이곳 아메리카에 세워진 나라가 미국이다. 미국은 어떻게 오늘날 초강대국 위치에 오를 수 있었을까. 그 이야기를 하기 전에 아메리카 정복 역사를 잠깐 살펴보도록 하자.

아메리고 베스푸치 이전에 아메리카를 발견한 사람이 있었다. 크리스토퍼 콜럼버스였다. 그는 1492년 산타마리아호를 타고 항해를 시작한 지 두 달 만에 아메리카에 닿았다. 뒤이어 더 많은 탐험가들이 아메리카로 몰려갔다. 1521년에는 코르테스라는 에스파냐 군인이 아메리카에 상륙해 찬란했던 멕시코의 아스텍 문명을 철저하게 파괴했다. 1533년에는 피사로라가 페루와 칠레 고원

:: 아메리고 베스푸치

**신항로 개척**

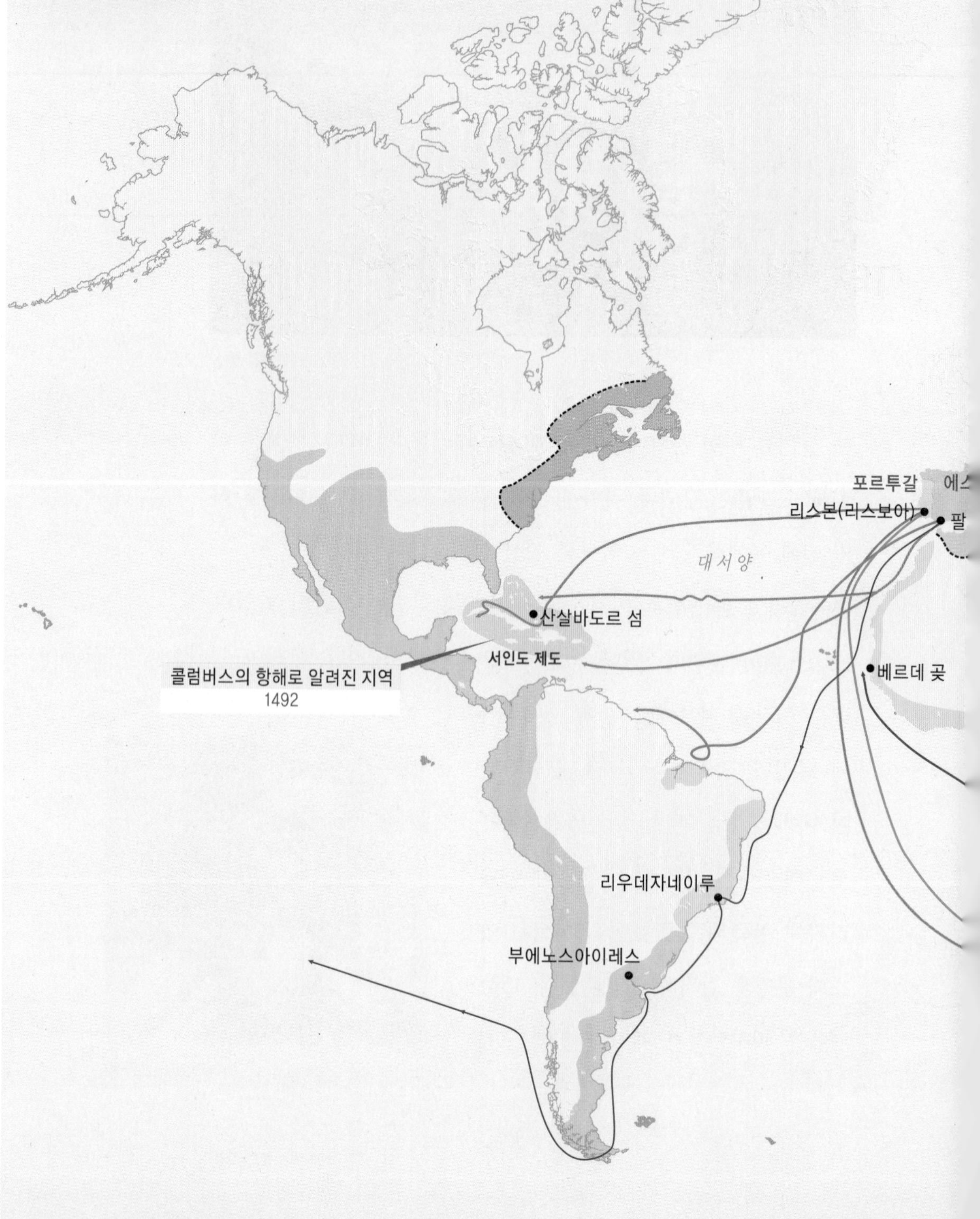

포르투갈　에스

리스본(리스보아)
　　　●팔

대서양

●산살바도르 섬

서인도 제도

콜럼버스의 항해로 알려진 지역
1492

●베르데 곶

리우데자네이루

부에노스아이레스

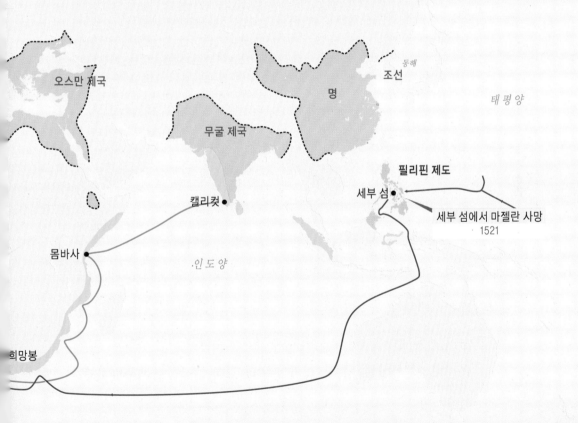

1488년 → 바르톨로메우 디아스, 희망봉 발견
1492년 → 콜럼버스, 아메리카 대륙 도착
1498년 → 바스쿠 다 가마, 인도 항로 개척
1503년 → 아메리고 베스푸치 아메리카 항해
1519년 → 마젤란, 세계 일주를 떠남(~1522)

▨ 포르투갈 본국과 그 식민지
▨ 에스파냐 본국과 그 식민지
▨ 영국 본국과 그 식민지

오스만 제국

명

조선

동해

태평양

무굴 제국

필리핀 제도

세부 섬

세부 섬에서 마젤란 사망
1521

캘리컷

몸바사

인도양

희망봉

:: 아스텍을 침공하는 에스파냐 군대

의 잉카 문명을 짓밟았다. 그는 그곳에서 황금과 은 등을 캐내기 시작했다.

에스파냐 인들이 상륙한 남아메리카는 에스파냐의 식민지가 되었다. 지금도 남아메리카의 나라들은 에스파냐 어를 사용한다. 브라질만 예외적으로 포르투갈 어를 쓰는데 브라질이 포르투갈의 식민지였기 때문이다.

콜럼버스 이래 대서양 건너에 신세계가 있다는 소식이 영국과 프랑스에 전해졌다. 영국과 프랑스는 아메리카 정복 선배 격인 에스파냐와 포르투갈과 달리 아메리카에서 약탈만 하지 않고 아예 그곳에 새로운 식민지를 건설했다. 영국과 프랑스 인이 정착한 곳은 북아메리카 땅으로 남아메리카와 달리 고대 문명이 존재하지 않은 황무지였다.

## 🏇 메이플라워호를 타고 대서양을 건넌 사람들

북아메리카 식민지 건설은 영국에서 일어난 청교도 혁명에서 비롯되었다. 청교도 혁명이 일어난 이후 신교도들은 영국의 박해를 피해 대서양을 건넜다. 이들은 1620년 메이플라워호를 타고 아메리카에 도착했다. 그 뒤로 많은 영국인이 종교 자유를 찾아, 먹고 살기 위해 북아메리카로 몰려들었다.

18세기 초 영국 이민자들은 미국 동부 해안 지대에 열세 개 주로 구성된 식민지를 세웠다. 식민지의 각 주는 저마다 의회를 구성하고 자치를 누렸다. 영국은 처음에 북아메리카 식민지에 무척

:: 메이플라워호

7년 전쟁
1756~1763년 사이
에 벌어진 전쟁으로,
영국·프로이센 동맹
국과 오스트리아·러
시아·프랑스 연합군이
주축이 되어 싸운 전쟁

관대했다. 그러다가 7년 전쟁 뒤 영국의 태도가 돌변했다.

7년 전쟁 이후 세계 최강국으로 떠오른 영국은 아메리카 식민지에 대해 느슨한 유지 정책에서 적극적인 간섭 정책으로 태도를 바꾸었다. 영국은 아메리카 식민지로부터 들어오는 대부분의 물품에 관세를 부과했다. 영국이 7년 전쟁에 승리했지만 전쟁 비용이 많이 나가서 어디선가 돈을 마련해야 했기 때문이다.

아메리카 식민지인들은 본국인 영국 의회에 대표도 파견하지 못하는 상황에서 세금만 물리는 건 말도 안 된다며 반발했다. 하지만 영국 의회는 그에 아랑곳하지 않고 신문과 각종 서류 등 모든 인쇄물에도 관세를 부과하기 시작했다. 식민지인들은 폭동과 영국 상품 불매 운동으로 맞섰다.

궁지에 몰린 영국 의회는 인지법으로 불리는 그 법을 폐지했다. 그러난 이번에는 차와 종이, 페인트 등에 관세를 부과하는 법을 만들어 더욱 심한 착취를 예고했다. 이 때문에 본국과 북아메리카 식민지 사이는 더욱 더 벌어졌다.

감정이 악화된 본국과 식민지는 이제 한 철로 위에서 마주 선 기차 꼴이 되었다. 더 이상 뒤로 물러날 곳이 없는 영국과 식민지는 서로를 바라보며 굴러갈 위기에 처했다. 그러던 1773년 두 기차의 엔진을 움직인 사건이 발생한다. 그것은 바로 보스턴 차 사건이었다.

## 보스턴 항을 찻주전자로 만들다

1773년 12월 16일 밤. 차茶를 가득 싣고 보스턴 항에 정박 중인 동인도 회사 소속의 무역선에 인디언 복장을 한 150여 명의 남자들이 올라탔다. 그들은 차 상자를 꺼내 보스턴 항 앞바다에 집어던지기 시작했다. 그들은 영국의 관세 정책에 항의하기 위해 나선 식민지 시민들이었다.

보스턴 항은 차 상자로 가득 찼다. 이 소식을 들은 영국은 식민지인들에게 항복을 하든지 승리하든지 해 보라며 보스턴 항을 폐쇄하는 법을 만들었다. 식민지인들은 항복 대신 싸우기로 결정했다. 이들은 1774년 9월 15일 필라델피아에서 제1차 대륙회의를

:: 보스턴 차 사건

:: 미국 독립 전쟁

개최했다. 여기서 영국 상품 불매 운동 연합을 결성하고 영국의
강압적인 법령에 반대하는 결의안을 채택했다. 이날 회의는 북아
메리카 식민지의 독립을 알리는 신호탄이었다.

1775년 영국 군대와 식민지 민병대 사이의 첫 교전이 시작되었
다. 보스턴에서 벌어진 영국군과 식민지 민병대 사이의 전투는,
훗날 미합중국의 초대 대통령이 되는 조지 워싱턴이 식민지군 사
령관으로 임명되면서 확산되었다.

1776년이 되자 프랑스 왕 루이 16세가 식민지군에 탄약을 지
원하고 나섰다. 프랑스가 식민지를 지원한 데는 그럴 만한 이유가
있었다. 프랑스는 백년전쟁에서 영국에 계속 패하다가 처녀 장군

:: 요크타운 전투

잔 다르크의 활약에 힘입어 겨우 승리한 역사를 가지고 있었다. 7년 전쟁에서는 가지고 있던 캐나다 땅을 영국에 빼앗기는 아픔을 겪었다. 그래서 식민지군을 지원하여 영국을 궁지에 몰아넣으면 빼앗겼던 아메리카 식민지 땅을 얼마만이라도 되찾을 수 있지 않을까 생각했던 것이다. 자금난에 시달리던 식민지군은 프랑스의 지원 덕에 영국군과 싸우는 데 큰 도움이 되었다하지만 프랑스는 식민지군에 자금을 지원하다 재정이 부족해졌고, 이는 대혁명이 일어나는 한 원인이 된다.

미국의 13개 식민지의 대표자 회의인 대륙회의 측은 1776년 7월 4일 마침내 미합중국의 독립을 선언했다. 그해 크리스마스에는 조지 워싱턴이 뉴저지에 있는 영국군을 기습 공격해 식민지군의 사기가 크게 올랐다. 1777년 세라토 전투에서도 식민지 군이 영국군을 크게 무찔렀다.

미국 독립 전쟁에 마침표를 찍은 전투는 1781년 10월 요크타운에서 벌어진 전투였다. 미국과 프랑스 군대는 요크타운에서 영국군 8000여 명을 완전히 포위했다. 영국군은 결국 항복했고, 미국은 독립 전쟁에서 승리했다.

1783년 대륙회의는 독립 전쟁이 끝났음을 선포하고, 파리 조약에서 미국은 독립을 인정받게 되었다. 하지만 힘겨운 독립 전쟁을 끝낸 미국은 어머니의 나라 영국으로부터 독립을 한 지 70년 뒤 남북으로 나뉘어 싸우는 비극을 맞이하게 되는데 이 전쟁이 바로 미국의 남북 전쟁이다.

## 링컨이 대통령에 당선되자 남부에서 전쟁 선포

독립이 되고 나서 동족 간에 전쟁을 벌인 경우는 미국 말고 또 있다. 우리나라가 그랬고, 베트남이 그랬다. 우리와 베트남은 이념이 다른 남과 북이 국토를 통일하기 위해 전쟁을 벌인 경우였는데, 이념 대립이 없던 미국은 왜 그랬을까?

이유는 독립 전쟁에 승리한 뒤 남쪽 지역과 북쪽 지역이 서로 다른 모습으로 발전한 데 있다. 남부는 주로 아프리카에서 잡아

온 흑인 노예를 이용해 면화 농사를 지었다. 반면 북부는 유럽 이주민의 노동력을 바탕으로 산업 혁명을 거치며 현대적인 모습으로 발전했다. 이렇게 다른 모습이 결국 차이를 만들고, 차이가 대립을 낳았다. 남부와 북부는 노예 문제에 있어서 입장 차이가 뚜렷했다. 북부는 노예를 해방하자고 주장한 반면, 면화 생산을 주로 하는 남부는 약 300만 명에 달하는 노예를 없애 버리면 농장 문을 닫아야 한다며 노예제 폐지에 반대했다.

이런 와중에 노예제 폐지를 주장하는 링컨이 대통령에 당선되자1860년 남부의 주들은 연방에서 탈퇴하고 북부와의 전쟁을 선포했다. 남부인들은 연방 탈퇴가 노예제 폐지를 막을 수 있는 마지막 보루라고 생각했다. 이 때문에 미국은 국호, 헌법, 대통령이 따로 존재하는 두 개의 나라가 되었다.

남부연합군이 1861년 4월 북부연방군을 공격하면서 남북 전쟁이 시작되었다. 당시 남과 북의 인구는 북부가 2200만 명, 남부가 900만 명으로 북부의 인구가 두 배 이상 많았다. 남부는 900만 인구 가운데 노예가 300만여 명이었으므로 수적으로 유리한 상황이 아니었다. 그럼에도 남부연합군은 불리하지 않다고 판단했다. 전투가 주로 남부에서 벌어질 것으로 예상해서 자기 땅에서 싸우면 지형에 익숙하고 자기 고향을 지킨다는 의식이 강할 것이므로 유리하다고 본 것이다. 하지만 북부연방군도 자신들이 이길

:: 에이브러햄 링컨

것이라 확신했다. 인구와 경제력 면에서 남부에 앞섰기 때문이다.

북부연방군의 목표는 노예 해방보다 다시 하나의 미국을 만드는 것이었다. 경제적으로 볼 때 남부의 주들을 잃으면 미국에 결코 도움이 안 되기 때문이었다. 남부연합군이 작전을 개시하자 링컨 대통령은 남부 항구들에 봉쇄령을 내렸다. 이 결과 남부연합군은 유럽으로 면화를 수출하기 어려워졌고, 탄약과 보급품을 조달하는 데도 어려움을 겪었다.

이런 어려움 속에서도 남부연합군은 리 사령관을 중심으로 조직적으로 작전을 전개해 북부연방군에 타격을 입혔다. 반면 북부연방군은 사령관이 자주 바뀌는 등 지리멸렬한 모습을 보였다. 하지만 북부연방군은 1862년 앤티탐 전투에서 남부연합군에 크게 승리했다. 이 전투에서 승리한 뒤 링컨은 북부연방군이 점령하지 못한 남부 주에 거주하는 노예를 해방한다고 공표해 버렸다. 이때부터 전쟁의 성격이 하나의 미국에서 노예 해방이라는

:: 북군을 격려하는 링컨

인도적 성격으로 바뀌었으며, 이를 계기로 세계 여론은 북부를
지지하였다.

링컨은 자주 갈아 치우던 사령관을 그랜트 장군으로 못 박고
남부연합군의 리 장군과 맞서게 했다. 그리고 1863년 7월 그랜트
장군과 리 장군은 남북 전쟁을 결정지을 한 장소에서 만났다. 그
곳은 펜실베니아 남쪽에 있는 게티즈버그였다.

# 북부의 승리를 가져다 준 게티즈버그 전투

남부연합군은 게티즈버그 전투에서 승리해 유럽 각국으로부터 외교적인 승인을 얻을 계획이었다. 그만큼 남부연합군은 이 전투에 임하는 각오가 남달랐다. 마침내 남과 북의 두 군대가 게티즈버그 남쪽에 있는 두 언덕에 전열을 갖추었다. 남부연합군 사령관은 자기 쪽이 우세하다고 판단해 공격 명령을 내렸다.

리 장군은 먼저 무수한 포를 북부연방군을 향해 쏘아 댄 다음, 보병 1만 5000여 명에게 북부연방군을 향해 돌진하라고 명령했다. 언덕에 자리 잡은 북부연방군은 돌진해 오는 남부 군사들을 향해 사격을 퍼부었다. 결국 남부연합군은 크게 패하고 말았다. 이 때문에 남부 쪽은 이후 벌어진 전투에서도 수세에 몰리게 되었다.

그해 11월 링컨은 게티즈버그 국립묘지 봉헌식에 참석해 그곳에서 전사한 장병들을 추모하는 연설을 했다. 이것이 그 유명한 게티즈버그 연설이다.

게티즈버그 전투 이후 남북 전쟁은 북부연방군의 승리로 굳어졌다. 1865년 남부의 항복으로 전쟁이 끝났지만 미국에서는 남부와 북부 사이에 심각한 지역 갈등이 발생했다. 전쟁으로 60만 명이 넘는 사람들이 죽거나 다쳤다. 겉으로는 남부와 북부가 다시

## 게티즈버그 연설과 죽음

링컨은 추도식에서 다음과 같이 말했다. "장병들의 희생이 헛된 죽음이 되지 않도록 신의 가호를 빕니다. 그리고 이 나라를 다시 자유의 땅으로 만들고, 국민에 의한, 국민을 위한, 국민의 정치가 이 땅에서 사라지지 않도록 합시다." 2년 뒤 링컨은 한 극장에서 연극을 보다가 남부인에 쏜 총에 맞아 세상을 떠났다. 1865년 4월 14일 아침이었다.

하나의 미국이 되었지만 상처의 골을 깊었다. 남부는 노예제 폐지를 주장한 공화당에 상당히 오랫동안 적대감을 표시했다.

비록 지역 갈등과 인종 갈등이 완전히 사라진 것은 아니지만 미국은 남북 전쟁을 통해 흑인 노예를 해방시켜 인도주의 국가라는 이미지를 얻었다. 또한 다시 하나의 미국을 만들어 빠른 시간 안에 세계에서 가장 강한 나라가 되는 발판을 마련했다.

## 미국에도 지역감정이 있다?

우리 사회의 병폐 가운데 하나는 소위 '망국적' 지역감정이다. 전라도와 경상도의 지역감정이 국민 통합을 저해하는 가장 큰 요소로 지적받는다.

미국은 우리보다 더 깊고 오래된 지역감정이 존재한다. 남북 전쟁에 패배한 남부와 승리한 북부 사이에 깊은 감정의 골이 생겼기 때문이다. 그래서 남북 전쟁 이후 미국은 북부=공화당(노예제 폐지), 남부=민주당(노예제 찬성) 공식이 존재해 왔다. 그러나 오늘날 그런 감정은 더 이상 선거에서 표로 나타나지는 않는다. 외려 지금은 북부=민주당, 남부=공화당 공식이 통용될 정도로 상황이 바뀌었다. 경제적으로 낙후되고 소외받았던 남부에서 경제 성장이 이뤄지고 북부와 남부 주민 간 소득 격차가 줄어든 데 따른 것이다. 흑인 최초로 미합중국의 대통령에 당선된 오바마는 미국의 지역감정과 인종차별의 벽을 허문 신호로 받아들여진다. 오바마는 과거 흑인 노예제를 찬성했던 민주당 출신으로 선거에 나섰고, 남부 지역에서 광범위한 지지를 얻어 대통령에 당선되었다. 미국의 지역감정이 완전히 사라진 것은 아니지만 적어도 선거에서는 지역만 보고 무조건 투표하는 양상은 사라진지 오래다.

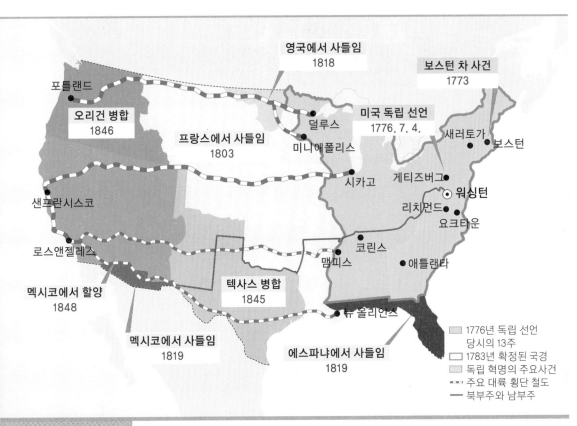

영국에서 사들임
1818

보스턴 차 사건
1773

포틀랜드

오리건 병합
1846

덜루스

미국 독립 선언
1776. 7. 4.

새러토가

보스턴

프랑스에서 사들임
1803

미니애폴리스

시카고

게티즈버그

워싱턴

샌프란시스코

리치먼드

요크타운

로스앤젤레스

코린스

멕시코에서 할양
1848

맴피스

애틀랜타

텍사스 병합
1845

멕시코에서 사들임
1819

뉴올리언스

에스파냐에서 사들임
1819

1776년 독립 선언
당시의 13주
1783년 확정된 국경
독립 혁명의 주요사건
주요 대륙 횡단 철도
북부주와 남부주

**미국의 독립과 발전**

# 바쁘다 바빠, 세계의 경찰 미국

21세기 지구촌 최강국은 미국이다. 영토는 러시아, 캐나다에 이어 3위, 인구는 중국과 인도에 이어 3위지만 경제 규모, 군사력, 문화 등 거의 모든 면에서 세계 1위 자리를 차지하고 있다. 특히 전 세계 군사비의 40퍼센트를 국방비로 지출하는 최고 군사 강국이다.

미국은 언제부터 이렇게 최강 군사 대국이 되었을까? 미국은 제2차 세계대전 이후 경제 혜택을 받은 유일한 나라다. 영국과 프랑스는 독일의 침입을 받아 국토가 파괴되고 크나큰 손실을 입었다. 소련은 승전국이었지만 독일군과의 싸움에서 군인과 민간인 3000만 명이 희생당했다. 패전국 독일, 일본, 이탈리아의 손실을 말할 것도 없다. 미국은 처음에 중립을 지키다 일본의 진주만 기습 이후 전쟁에 참여하여 무기와 군수 지원 등으로 경제적으로 큰 이득을 보았다.

전쟁이 끝난 뒤 세계는 자유 진영을 대표하는 미국과 공산주의 진영을 대표하는 소련으로 양분되었다. 이 과정에서 미국은 소련 주도의 세계 공산화를 막기 위해 끊임없이 군사력을 키워 왔다. 그 힘을 바탕으로 미국은 대략 지구촌 1000여 곳에 군사 기지를 건설했고, 세계의 경찰을 자처하며 갖가지 전쟁에 개입했다.

한국전쟁은 냉전 이후 미국이 참전한 첫 번째 전쟁이었다. 이 전쟁에서 미국은 비록 완벽한 승리를 이루지 못했지만 중국과 소련에게 그들의 힘을 유감없이 보여 주었고, 한국이 공산화되는 걸 막는 성과를 얻었다. 이후 미국은 1962년 소련이 미국의 코앞인 쿠바에 미사일 기지를 건설하려 하자 쿠바를 봉쇄하고 압박해 소련을 물리쳤다. 하지만 베트남 전쟁은 최강 군사 대국인 미국에 뼈아픈 패배를 안겨 주었다. 미국은 제2차 세계대전 때보다 많은 양의 폭탄을 베트남에 쏟아 붓고도 패배했다.

이후 미국은 타국의 전쟁에 개입하는 데 주춤했다. 하지만 1990년 대들어 군사 개입은 다시 이어졌다. 1990년 이라크를 침공하고, 2001년 뉴욕에 있는 무역센터가 공격당하자 테러의 배후로 의심되는 알카에다의 본거지인 아프가니스탄을 공격했다. 2003년엔 이라크의 후세인을 제거하기 위해 이라크를 침공했다.

그렇다고 미국이 허구한 날 전쟁만 벌인 건 아니다. 이스라엘과 팔레스타인 사이에 평화 협정을 중재해 이스라엘 팔레스타인 분쟁 해결에 일조했고, 2015년 들어 중동의 강적인 이란과 핵 협상을 맺고, 50여 년 동안 적대적이던 쿠바와도 관계를 개선했다. 5대양 6대주를 누비며 세계의 경찰 구실을 하는 미국이 풀어야 할 남은 숙제 가운데 하나는 북한이다. 북한 문제를 푸는 것이 미국에겐 무척 중요한데 쉽지는 않다. 북한은 미국을 위협하는 가장 골치 아픈 존재이지만 한반도에 긴장을 유발해 미국의 무기 판매에 도움을 주는 필요악이기 때문이다.

# 프로이센과 프랑스 전쟁

## 독일, 통일 제국을 이루다

오늘날 세계 2대 강국을 들라면 단연 미국과 중국을 꼽을 수 있다. 미국은 독립 전쟁과 남북 전쟁 이후 서부로 말을 달려 국경선을 넓히더니 20세기 들어 두 번의 세계대전 와중에 군사, 경제 강국으로 부상했다. 중국은 막대한 인구를 바탕으로 전 세계의 공장 역할을 하며 명실공히 세계 최고의 경제 대국이 되었다.

유럽 대륙에선 독일이 최대 부유국으로 꼽힌다. 독일은 제2차 세계대전의 피해를 딛고 오늘날 유럽의 부자 나라가 되었다. 독일이 유럽의 강국이 된 건 19세기 통일 제국을 건설한 것에서 비롯된다. 19세기 독일에선 무슨 일이 있었던 것일까?

1870년까지만 해도 독일은 여러 개의 작은 왕국이 모여 있는 연방 국가로 그다지 힘 센 나라가 아니었다. 그랬던 독일은 강력한 리더의 등장으로 강력한 통일 제국을 꿈꾸기 시작했다. 19세기에 등장한 강력한 독일의 리더는 철혈 재상으로 불리는 비스마르크였다.

비스마르크가 태어나고 활약한 19세기 독일 지도는 오늘날과 많이 달랐다. 큰 테두리는 비슷했지만 오늘날처럼 한 나라가 아니었다. 크고 작은 여러 제후국이 힘없는 신성 로마 제국 황제를 모시고 있는 나라였다. 신성 로마 제국독일 연방 안에 있던 여러 나라 가운데 가장 힘센 나라는 북쪽의 프로이센과 남쪽의 오스트리아였다.

:: 비스마르크

프로이센에서 태어난 비스마르크는 독일이 여러 나라로 갈라진 것을 몹시 안타까워했다. 그래서 독일이 어서 강대국이 되었으면 하고 바랐다. 당시 독일은 19세기 초 나폴레옹이 유럽을 휩쓸 때 프랑스에 패해 프랑스와 원수 사이가 되었다. 독일은 숙적 프랑스에 복수전을 벼르고 있었고, 독일 연방 가운데 가장 힘이 셌던 프로이센이 복수전을 이끌 적임자로 여겨졌다.

프로이센은 강한 나라를 만들기 위한 작업에 들어갔다. 먼저 프로이센을 중심으로 관세 동맹을 맺어 무역을 자유롭게 만들어 경제 부분에서 통일을 이루었다. 그러고 나서 정치적 통일을 이루는 쪽으로 방향을 잡았다. 바로 그 시대에 등장한 인물이 비스마르크다.

오토 폰 비스마르크는 프로이센의 공무원으로 출발해 러시아와 프랑스 대사를 지냈다. 그는 러시아와 프랑스 대사를 거치면서 유럽 각국에서 일어난 민족주의 움직임에 강한 인상을 받았다. 비스마르크에게는 한 가지 소망이 있었는데, 그것은 프로이센을 강하게 만들어 독일 연방을 하나의 거대한 제국으로 탈바꿈시키는 것이었다.

### 🐎 "우리에겐 철과 피가 필요해!"

1862년 비스마르크는 프로이센의 수상이 되자 꿈꿔 오던 소망을 이루기 위해 움직이기 시작했다. 그는 군비를 늘려 강력한 군대를 만들기로 마음먹었다. 자유주의 사상을 가진 의회 의원들은 비스마르크의 정책에 반대했다. 그러자 그는 의회에 나가 연설을 했다.

"지금 프로이센은 자유보다 군비가 필요합니다. 언론이나 다수결로는 중대한 문제를 해결할 수 없습니다. 철과 피로써만 문제가 해결됩니다."

이 말은 곧, 지금은 자유니 평등이니 떠들 때가 아니며, 독일을 통일하고 유럽의 강대국이 되려면 오로지 막강한 군사력과 희생이 필요할 뿐이라는 뜻이었다.

비스마르크는 이어 지난 역사를 들먹이며 독일 국민들을 자극했다. 1806년 나폴레옹에게 베를린을 점령당한 수모, 그 이야기를 꺼낸 것이다. 그때 독일이 갈라져 있지 않고 하나의 큰 제국으로 존재했다면 그런 수모를 당하지 않았을 것이라는.

비스마르크는 의회와 국민의 반대를 무릅쓰며 군비를 늘리고, 군 제도를 개혁하고, 군 병력을 증강해 나갔다. 또한 군대 내 규율을 엄격히 하여 기강을 바로 잡았다. 어느새 프로이센 군대는 의무적으로 복무하는 병사, 지원군, 그리고 시민군까지 합해 100만 명이 넘게 되었다.

군사력에 자신감이 생기자 비스마르크는 먼저 북쪽 덴마크와 한 판 붙었다. 덴마크가 독일 내 홀슈타인을 멋대로 합병하자 덴마크를 혼내 준 것이다. 그러고 나서 오스트리아로 총구를 돌렸다. 비스마르크는 오스트리아를 독일 연방에서 내쫓고 프로이센을 가장 강력한 나라로 만들 생각이었다. 그는 먼저 러시아와 프랑스, 이탈리아에 중립 약속을 받은 뒤 1866년 오스트리아를 공격해 승리를 거두었다.

프로이센 의회는 비스마르크를 지지하지 않을 수 없게 되었다. 국민들도 마찬가지였다. 프로이센 주위에 있던 작은 제후국들도 프로이센 쪽에 붙기 시작했다. 전쟁에 패한 오스트리아는 연방에서 탈퇴했고, 마침내 북부 독일 연방이 결성되었다.

이제 독일의 숙적인 프랑스를 제압하는 일만 남았다. 유럽 대륙의 강국인 프랑스만 제압하면 독일 통일도 시간문제가 될 터였다. 프랑스는 라인 강 건너편에서 프로이센의 철혈 재상 비스마르크가 벌이는 이 모든 과정을 대단히 의심스런 눈길로 바라보았다. 베를린에 있던 비스마르크는 전쟁을 일으키는 사람들이 언제나 그렇듯이 적당한 침략 구실을 찾고 있었다. 그러던 어느 날 절호의 기회가 찾아왔다.

## 철혈 정치인 비스마르크

프로이센과 프랑스 전쟁을 승리로 이끈 비스마르크는 통일 제국의 총리가 되었다. 그는 독일을 넘어 유럽의 위대한 지도자로 인정받았고, 그 덕에 20여 년 동안 그 자리를 지켰다. 그가 집권하는 동안 독일은 공업이 크게 발달했고, 그의 외교력 덕에 유럽은 얼마간 평화 시기를 맞았다. 그는 철혈 재상이라는 별명이 붙을 정도로 냉철하고 강한 인물로 여겨진다. 젊은 시절의 한 일화가 그런 그의 일면을 잘 보여 준다. 어느 날 함께 사냥을 갔던 친구가 늪에 빠져 허우적대자 비스마르크는 손을 내미는 대신 총을 겨누어 쏘려고 했다. 친구는 총에 맞지 않기 위해 기를 쓰고 늪에서 빠져나와 목숨을 건졌다. 비스마르크는 만약 그때 친구에게 손을 내밀었다면 함께 빠져 죽었을 거라고 말하곤 했다. 그런 그의 냉철함이 독일을 통일 제국으로 만든 건 아닐까. 오늘날 독일의 여러 도시에는 그의 이름을 딴 광장과 그의 동상이 세워져 있다.

## 엠스 전보 사건을 계기로 전쟁은 시작되고

1870년 7월 어느 날 프랑스 대사가 독일 휴양지 엠스에서 휴양
중인 프로이센 왕을 찾아왔다. 프랑스 대사는 얼마 전 에스파냐
왕 자리가 비었는데, 프로이센 왕이 자신의 친척을 그 자리에 앉
히려 하는 것에 문제를 제기하였다. 프랑스 대사는 대충 이런 취
지로 말을 했다.

"에스파냐 왕 자리에 폐하의 친척을 앉히려는 것을 우리 프랑
스는 매우 우려하고 있습니다."

:: 프랑스 프로이센 전쟁

이 내용이 베를린에 있는 비스마르크에게 전보로 전달되었다. 비스마르크는 전쟁 구실을 만들려고 회담 내용은 슬쩍 비틀어 신문사에 보도 자료를 보냈다. 일개 대사가 한 나라의 왕에게 대단한 결례를 범했다는 느낌이 강하게 들도록.

신문을 본 독일 국민들 사이에선 프랑스를 가만 둬선 안 된다는 여론이 들끓었다. 그러자 프랑스의 나폴레옹 3세도 한번 해 보자는 식으로 전쟁 선포를 해 버렸다. 이른바 엠스 전보 사건의 기획자이자 연출자인 비스마르크는 프랑스가 먼저 선전 포고를 해 주니 그저 감사할 따름이었다.

## 스당 전투

프랑스 황제가 포로가 되어 프로이센에 항복했다는 소식이 파리에 전해졌다. 그러나 파리 시민들은 전쟁이 끝났다고 생각하지 않았다. 그들이 누구인가. 대혁명을 일으키고 그 뒤에도 몇 차례 더 혁명을 일으킨 자존심 강한 파리 시민들이었다. 시민들은 파리를 지켜야 한다는 생각에 프로이센 군대에 맞설 준비를 했다. 그 시간 프로이센 군대는 스트라스부르 등 프랑스와 독일 접경 지역을 함락시키며 파리로 압박해 들어갔다. 프로이센의 빌헬름 왕과 비스마르크는 파리 교외에 있는 베르사유 궁에 머물면서 전쟁이 끝난 뒤 프랑스를 어떻게 처리할지 구상에 들어갔다. 파리 시민들은 개와 고양이, 심지어 쥐까지 잡아먹으면서 처절하게 항전했다. 하지만 파리를 에워싸고 공격해 오는 프로이센군을 당해 내지는 못했다. 1871년 1월 프랑스 임시 정부는 결국 프로이센에 항복하고 말았다.

당시 프랑스의 군사력은 프로이센에 미치지 못했다. 프로이센은 참모총장 몰트케의 지휘에 따라 일사불란하게 움직였다. 철도를 통해 프로이센군을 프랑스 국경 지대로 신속히 이동시켰다. 전쟁이 시작되었을 때, 프랑스군은 연패를 거듭했다. 프랑스 영토인 메스에서 프랑스군은 프로이센군에 포위당했다. 나폴레옹 3세는 직접 군대를 이끌고 나갔다가 스당 전투에서 포로가 되고 말았다.

 ## 프랑스에 승리한 뒤 독일 통일

파리를 함락시킨 프로이센은 나폴레옹에게 진 빚을 갚았다. 전쟁에서 승리한 프로이센은 해체되고, 대신 북부와 남부 독일을 아우르는 독일 제국이 탄생했다. 독일은 승리한 대가로 30년 전쟁 때 프랑스에 빼앗겼던 알자스로렌 지방을 되찾았다.

알자스로렌 지방은 프랑스 소설가 알퐁스 도데의 『마지막 수업』의 무대가 된 곳으로, 프랑스와 독일 국경에 자리하고 있어 두 나라 사이에 늘 문젯거리로 남아 있던 곳이었다. 또한 독일은 프랑스에게서 50억 프랑이라는 막대한 전쟁 배상금을 받았다. 자존심이 센 프랑스인들의 독일에 대한 감정이 극도로 나빠졌다. 그 덕에 몇 백 년 동안 원수처럼 지내던 프랑스와 영국은 다시 친하게 지냈다.

30년 전쟁
1648년 독일에서 벌어진 구교와 신교도 사이의 전쟁

**독일의 통일**

 

유럽의 2등 국가였던 독일은 통일 제국을 이뤄 유럽의 강대국으로 자리 잡았다. 비스마르크는 프랑스를 고립시키려는 목적으로 독일, 이탈리아, 오스트리아 간의 삼국 동맹을 맺었다1882년.

두 나라의 전쟁 이후 유럽은 이른바 비스마르크 체제 아래서 20여 년 동안 평화를 유지했다. 그러나 빌헬름 2세가 비스마르크를 해임한 이후 제국주의 팽창 정책을 추진하자, 이에 불안을 느낀 영국과 프랑스, 러시아가 삼국 협상을 맺었다1907년.

:: 프랑스 프로이센 전쟁

이후 유럽은 통일을 이루고 뒤늦게 식민지 쟁탈전에 뛰어든 독일과 이를 저지하려는 선발 제국주의 나라가 부딪히는, 그때까지 경험해 보지 못한 큰 홍역을 치르게 된다. 그것이 바로 비스마르크가 죽은 지 16년 만에 일어난 제1차 세계대전이다. 그 이야기는 잠시 뒤로 미루고 비슷한 시기 동아시아에서 제국주의를 향해 무섭게 달리던 일본 이야기를 해 보기로 하자.

# 전쟁 이후의 역사
## 두 번의 패배를 딛고 일어선 독일

프로이센 프랑스 전쟁에서 승리한 독일은 유럽의 강국으로 부상했다. 그러나 제1차 세계대전과 제2차 세계대전에서 연거푸 패하는 바람에 거의 재기 불능 상태가 되었다. 나라는 동독과 서독으로 분단되었고, 대부분의 주요 도시들이 파괴되었다. 더욱 괴로운 것은 지구촌 최고의 악인인 히틀러를 배출한 나라, 온 유럽을 전쟁터로 만든 국가, 그리고 유태인 600만 명을 수용소에서 죽인 반인류 국가라는 세계인의 따가운 눈초리였다.

이런 악조건 속에서 독일은 오늘날 유럽 최고 부자 나라로 성장했다. 여기에는 독일 국민들의 타고난 성실함으로 이뤄 낸 소위 라인 강의 경제 기적, 피해국 당사자들에 대한 진심 어린 사과, 그리고 부단한 노력으로 분단 45년 만에 이뤄 낸 통일이 그 밑바탕이 되었다.

제2차 세계대전이 끝나자 승리한 연합국은 독일이 다시는 전쟁을 일으키지 못하도록 철저히 관리해 왔다. 그 가운데 하나의 조치가 바로 동서 분할이었다. 국토는 동서로 분단되고, 동독에 속한 베를린은 동베를린과 서베를린으로 나뉘었다. 베를린에는 동독 정부에 의해 1961년부터 베를린 장벽이 세워지기 시작했다. 동독이 장벽을 세운 이유는 수많은 동베를린 시민들이 자유를 찾아 서베를린으로 이주, 혹은 탈출을 했기 때문이다. 이로써 동독 영토 안에 있던 서베를린은 사방이 콘크리트 장벽으로 둘러싸인 육지의 섬이 되고 말았다.

베를린 장벽은 "앞으로 100년 이상 유지될 것"이라는 동독 총리 호네커의 호언장담에도 불구하고 1989년 무너지고 말았다. 그리고 이듬해 독일은 통일을 이루었다. 독일인들이 베를린 장벽을 무너뜨리고 통일을 이룰 수 있었던 힘은 무엇일까?

첫째, 서독 총리였던 빌리 브란트의 동방 정책을 들 수 있다. 1970년 대부터 빌리 브란트는 동독과의 화해와 교류를 추진했다. 둘째, 미국과 서방 세계의 지원을 들 수 있다. 또한 동독 주민들의 자유에 대한 열망도 빼놓을 수 없다. 분단 이후 지금까지 수백 만 명의 동독 주민이 서독으로 넘어갔고, 동독에 남아 있는 주민들은 민주화를 요구하는 시위를 벌였다. 이러한 노력 덕에 결국 베를린 장벽이 무너진 것이다. 마지막으로 소련에서 고르바초프가 등장한 이후 동서 냉전구도가 완화되었고, 동유럽의 공산 국가들이 무너진 것도 베를린 장벽 붕괴에 큰 기여를 했다. 1960년대 이후 라인 강의 기적이라 불리는 경제 성장을 이룬 독일은 1990년 통일 이후 마침내 미국과 어깨를 나란히 하는 세계 경제 강국이 되었다.

# 청일 전쟁과 러일 전쟁
## 일본, 제국주의 대열에 합류

독일이 프랑스와의 전쟁에 승리한 뒤 제국을 통일하며 유럽 강대국이 된 것처럼, 동아시아에서는 일본이 중국 청나라와 러시아와의 전쟁에서 승리한 뒤 제국주의 대열에 합류했다. 도대체 섬나라 일본은 어떻게 중국, 러시아와 싸워 이긴 것일까?

청일 전쟁이 일어나기 전 청나라는 나라 사정이 말이 아니었다. 두 차례의 아편 전쟁에서 모두 패한 청나라는 서양 열강에 이리 뜯기고 저리 뜯기는 처량한 신세가 되었다. 그러자 청나라 내부에서 우리도 힘을 길러야 한다는 자성의 목소리가 높아졌다. 그들은 서구의 발달된 무기를 들여와 군대를 강화하는 운동을 벌였다. 서양 무기 제조 공장을 만들고 군대를 개혁하며 스스로 힘을 기르기 위해 노력했다. 그러나 하드웨어는 중국 것을 유지하고 소프트웨어만 서양 것으로 바꾼다는 생각 때문에 완전한 팬티엄급 국가로 업그레이드 하는 것에는 실패했다.

한편, 군사 통치자가 권력을 장악한 막부 체제 하에서 쇄국 정책을 유지해 오던 일본은 1854년 미국 페리 제독의 강압적인 개항 요구에 굴복해 항구를 열게 되었다. 그러자 유럽 열강이 일본으로 몰려와 너도나도 통상 조약을 맺었다.조선이 강화도 조약으로 일본에 문호를 개방한 이후 서양 열강과 잇따라 통상 조약을 맺은 것과 비슷하다.

기왕에 연 문, 일본은 메이지 유신을 단행해 적극적으로 서양 문물을 받아들였다. 군대 체계뿐만 아니라 여러 사회 제도도 서구의 것을 이식하려는 노력을 기울였다. 그리고 마침내 서구처럼 팬티엄급 나라가 되자 서구 열강 세력을 서서히 자기네 섬에서 밀어내기 시작했다.

메이지 유신
메이지 왕 때 왕정복고를 이룩한 변혁

## 지는 해 청나라와 뜨는 해 일본의 한판 승부

그리고 나서 지는 해 청나라와 떠오르는 해 일본이 조선 땅에서 한판 붙게 되는데, 이것이 바로 청일 전쟁이다. 자기들끼리 전쟁을 벌이는 거야 저들 사정이지만 왜 하필 남의 땅인 조선에서 전쟁을 벌인 걸까?

청일 전쟁은 일본의 야심에서 비롯되었다. 힘이 강해진 일본은 미국한테 당한 방법을 조선에서 똑같이 써먹었다. 그들은 1875년 강화도 앞바다에 군함을 몰고 와 무력시위를 벌였다. 힘이 없던 조선은 일본의 강압에 못 이겨 제물포 항을 개방하고 양국 간 관세를 없애는 강화도 조약을 맺었다. 그러자 청나라가 바짝 긴장하기 시작했다. 가뜩이나 서구 제국주의 세력에 이리 터지고 저리 터진 청나라는 조선에서 영향력을 강화하는 일본이 달갑지 않았다.

그때까지 청나라는 조선에 대해 종주국이라는 생각을 가지고 있었다. 그런데 일본이 조선 땅에 발을 들여놓자 조선에 대한 주도권을 일본에 빼앗기는 기분이 들었다. 게다가 일본의 진짜 목표가 조선이 아니라 바로 청나라라는 사실을 알고 있었으니 청나라의 심기가 불편한 것은 당연했다.

이미 300여 년 전 임진왜란 때 겪어 봐서 알지만, 일본은 한반도를 발판으로 대륙으로 뻗어 나가려는 생각을 가지고 있었다. 일본의 속셈을 뻔히 알고 있는 청나라는 한반도에 대한 주도권을 일본에 넘겨 줄 수 없었다. 수천 년 동안 중국의 문물을 전해 받던 섬나라 일본과 싸워서 지지 않을 자신이 있었다. 하지만 청나라는 일본이 이미 서구의 문물을 받아들여 제국주의 모습을 갖췄다는 사실을 간과했다.

청나라와 일본이 조선의 주도권 싸움을 벌일 때 조선은 임오군란이 일어나고, 갑신정변이 일어나서 수구파와 개화파가 서로 대립하고 있었다. 이들은 각각 청나라와 일본 세력을 등에 업고 권력 다툼을 벌였다. 이런 가운데 1894년 청일 전쟁의 발단이 되는 동학 농민 운동이 일어났다. 동학 농민 운동은 농민에 대한 오랜 수탈에서 비롯되었다. 특히 고부 군수로 부임한 조병갑의 수탈이 발단이었다. 조병갑은 말도 안 되는 이유를 들어 농민들에게 무거운 세금을 거둬들였다. 이에 분노한 동학 농민들이 조병갑을 처단하기 위해 고부 관아를 습격하면서 운동이 시작되었다.

동학 농민군의 기세가 하늘을 찌를 듯하자, 조정은 농민군을 진압해 달라며 청나라에 군사 요청을 했다. 청나라 군대가 들어오자 일본도 군대를 보내겠다고 난리를 피웠다. 왜냐하면 청나라든 일본이든 어느 나라가 먼저 조선에 군대를 파견하면 다른 나라도 똑같이 군대를 파견하기로 조약을 맺었기 때문이다. 이렇게 해서 청나라와 일본군이 조선에 출병하기로 하자 동학 농민군은 외세의 침략을 우려해 정부군과 휴전을 맺었다. 그런데 조선에 들어온 일본군은 물러가지 않고 청나라와 전쟁을 벌였다. 이것이 1894년에 일어난 청일 전쟁이다.

## 남의 나라에서 뭣들 하는 짓인지

일본군은 평양 전투에서 청나라 군대를 무찌르고 곧바로 랴오둥 반도에 상륙해 중국 땅 뤼순을 접수했다. 이어 산둥 반도로 쳐들어 갈 태세를 갖추었다. 그러자 청나라는 일본에 항복하고 말았다. 청일 전쟁 결과 일본과 청나라는 시모노세키에서 조약을 맺었다. 일본은 청나라로 하여금 조선이 독립국이라는 걸 인정하도록 강요했다. 명목상 조선이 독립국이 되어야 자기들이 조선을 지배할 수 있다고 생각했기 때문이다.

일본은 또 청나라로부터 랴오둥 반도를 할양받기로 했다. 전쟁에 승리해 땅도 얻고, 배상금도 받고, 일본으로서는 상당히 이득을 남긴 장사였다. 그러나 무엇보다 큰 성과는 조선을 발판으로

:: 청일 전쟁 후 청나라 포로를 참수하는 일본군

대륙으로 진출하려는 목표에 한 발 다가갈 수 있게 되었다는 점이다. 전쟁에 패한 청나라는 서양 기술을 받아들여 청나라를 개혁하려던 노력도 물거품이 되고, 또다시 서구 열강에 물어 뜯기는 신세가 되었다.

일본이 청일 전쟁에서 승리하자 조선은 물론 세계가 깜짝 놀랐다. 국제 무대에서 두각을 나타내지 않던 일본이 거대한 중국을 이기다니! 일본은 아시아 최강국이 되었다는 생각에 우쭐했다. 그러나 그것도 잠시, 일본의 힘이 커지는 것을 경계하는 서구 열강 때문에 샴페인을 터뜨리기도 전에 김이 새 버리는 일이 벌어졌다. 그게 뭘까?

청일 전쟁 이후 두 나라는 시모노세키 조약을 체결해 일본이 랴오둥 반도를 차지하기로 되어 있었다. 그런데 러시아와 프랑스, 독일이 그 계획에 제동을 걸고 나왔다. 세 나라는 일본에 랴오둥 반도를 청에 돌려주라고 요구했다. 러시아, 프랑스, 독일 세 나라가 일본 일에 간섭을 했다고 해서 이 사건을 삼국 간섭이라고 부른다.

일본은 다 잡은 사냥감을 표범에게 빼앗긴 승냥이처럼 허탈해했다. 결국 일본은 삼국 간섭에 굴복했다. 삼국 중 가장 심하게 요구했던 러시아에 대한 복수를 다짐하면서. 러시아는 일본이 물러간 뒤 청나라로부터 뤼순 지역의 조차권을 획득했다. 일본이 차

조차권
남의 나라 땅을 일정 기간 동안 빌리는 것

지하려던 바로 그 땅이었다. 그 후에도 러시아와 일본은 만주와 조선을 놓고 적잖이 부딪쳤다. 이런 일도 있었다.

1896년 고종이 러시아 공사관으로 피신을 했다. 한 해 전 일본인이 명성황후를 무참하게 살해한 일이 있었는데, 고종은 이 사건 때문에 일본에 대해 충격과 공포를 느꼈다. 그래서 러시아의 보호를 받기 위해 러시아 공사관으로 피난을 간 것이다. 이 사건을 러시아 공사관인 아관으로 왕이 피난을 갔다 하여 아관파천이라 부른다. 이 사건을 계기로 조선에서는 친러파 관리들이 권력을 잡았다.

러시아에 대한 일본의 원한은 착착 쌓여 갔다. 그러나 원한만 가지고 일이 해결되는 것은 아니다. 강한 군대와 외교력이 있어야 복수를 할 수 있다는 것을 일본은 알고 있었다. 그래서 일본은 1902년 러시아의 남하를 막는다는 명분으로 영국과 동맹을 맺어 조선에 대한 일본의 권리를 인정받았다.

든든한 파트너를 두게 된 일본은 1904년 러시아와 협상을 벌여 만주와 한반도에서 두 나라가 이권을 나눠 가지자고 제의했다. 그러나 러시아는 일본의 제안에 소극적으로 대했다. 그러자 협상을 벌이던 일본 대사가 돌아가더니 다른 협상 카드 대신 전함을 몰고 러시아 앞에 나타났다.

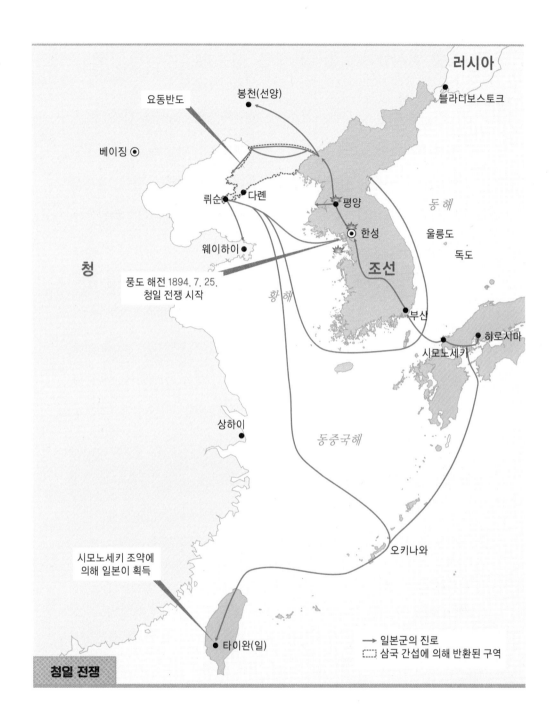

러시아

블라디보스토크

봉천(선양)

요동반도

베이징 ⊙

청

뤼순 ● 다롄

웨이하이 ●

풍도 해전 1894. 7. 25.
청일 전쟁 시작

평양

한성

조선

황해

동 해

울릉도

독도

부산

시모노세키

히로시마

상하이

동중국해

오키나와

시모노세키 조약에
의해 일본이 획득

타이완(일)

→ 일본군의 진로
┇┄┋ 삼국 간섭에 의해 반환된 구역

청일 전쟁

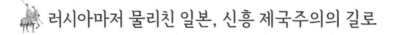# 러시아마저 물리친 일본, 신흥 제국주의의 길로

1904년 일본 해군은 제물포에 정박해 있던 러시아 함대 두 척을 침몰시켰다. 그러고 나서 랴오둥 반도의 뤼순에 있던 러시아 선박을 공격했다. 선전 포고는 열흘이 지난 뒤에야 했다. 일본군은 한반도를 지나 1905년 5월 만주에 진입한데 이어 러시아 군이 있는 뤼순을 포위 공격했다.

러시아도 반격에 나섰다. 러시아 함대가 태평양으로 몰려 왔다. 러시아 함대와 일본 함대는 1905년 5월 대한해협에서 맞붙었다. 이 해전에서 일본 해군이 압도적인 승리를 거두었다. 그러나 전쟁이 오래 지속되면서 일본도 힘이 부쳤다. 이런 가운데 러시아 페테르부르크에서 피의 일요일 사건이 벌어졌다.

## 피의 일요일 사건이란?

1905년 1월 22일. 러시아 노동자들은 빵과 평화를 요구하며 시위를 벌였다. 그러자 러시아 정부군이 이들을 진압하는 과정에서 1000여 명이 희생을 당했다. 이 사건이 있은 뒤 러시아에서는 혁명의 기운이 감돌기 시작했다. 그러자 서구 열강들은 러시아에서 점화된 혁명의 불길이 자기네 나라로 번질까 우려했다. 그래서 러시아가 내부 사태에 힘을 쏟을 수 있게 하기 위해 일본과의 전쟁을 끝내도록 유도했다. 피의 일요일 사건은 러일 전쟁이 종결되는 하나의 원인으로 작용했다.

:: 피의 일요일

러시아에서 피의 일요일 사건이 있은 지 몇 달 뒤 일본과 러시아는 미국의 주선으로 전쟁을 끝내는 데 합의했다. 그 결과 두 나라 사이에 포츠머스 조약이 체결되었다. 이 조약으로 러시아는 만주와 한반도의 모든 권리와 사할린의 일부 지역을 일본에 넘겨주어야 했다. 이때 일본은 10년 전 삼국간섭으로 잃은 뤼순을 다시 차지할 수 있게 되었다.

일본이 러시아를 격파하자 세계 각국은 10년 전 일본이 청나라를 이겼을 때보다 더 큰 충격을 받았다. 러시아와 싸워 이겨 이제 누가 뭐래도 제국주의 국가 반열에 올라섰다고 판단했기 때문이다.

## 일본, 청일 전쟁과 러일 전쟁 승리 후 조어도와 독도 강제 편입 시도

일본은 현재 우리와는 독도 문제로, 중국과는 조어도(중국명 댜오위다오, 일본명 센카쿠 열도) 문제로 영토 분쟁을 일으키고 있다. 그러나 독도와 조어도는 전통적으로 조선과 중국의 영토였다. 이는 일본도 인정해 왔다. 그런데 청일 전쟁에서 승리한 일본은 태도를 바꿔 '조어도는 주인 없는 땅'이라며 조어도를 자기네 영토로 강제로 편입시켰다. 그리고 러일 전쟁에 승리한 뒤에는 독도가 주인 없는 땅이라며 이 역시 강제로 영토에 편입시켰다. 그때부터 시작된 영토 분쟁이 2015년까지 100년 넘게 이어지고 있으며 앞으로 100년 후까지 이어질 전망이다. 일본은 자국의 정치 혼란이나 경제 상황이 악화될 때마다 국민들의 시선을 외부로 돌리고, 떨어진 지지율을 끌어올리기 위해 독도와 조어도 문제를 언제든 꺼내 들 것이기 때문이다.

 러일 전쟁 직후 조선을 차지한 일본

러일 전쟁에서 승리한 일본은 1905년 조선과 을사조약을 맺었다. 이 조약은 일본이 강제로 맺게 했다고 하여 을사늑약이라고도 부른다. 을사조약 결과 조선은 외교권을 박탈당해 일본의 식민지나 다름없는 신세로 전락했다. 그리고 1907년에는 우리 군대를 해산하고, 1910년 조선을 강제 병합해 마침내 조선을 식민지로 삼았다.

일본은 청일 전쟁과 러일 전쟁의 승리를 통해 오랜 꿈을 이루었다. 그것은 조선을 집어삼키고 대륙으로 진출하는 일이었다. 일본은 그 꿈을 실현하기 위해 1931년 만주사변을 일으켜 만주를 장악하고, 1937년에는 난징에서 대학살을 자행하고, 중국 내륙에서 전쟁을 벌였다. 중국은 일본을 몰아내기 위한 싸움을 벌였고, 그 싸움은 일본이 제2차 세계대전에 패해 항복할 때까지 계속되었다.

일본군의 침략을 당했던 중국은 식민 지배를 받았던 우리보다 일본에 대한 원한이 더욱 크다. 섬나라 일본에 치욕을 당했다는 모욕감 때문일 것이다. 오늘날 일본이 역사를 왜곡하거나 총리가 신사 참배를 할 때 중국이 우리보다 더 강하게 반발하는 이유도 거기 있다.

:: 러일 전쟁 풍자화

# 원숭이에게 패한 판다와
# 북극곰의 운명

청일 전쟁(1894년)과 러일 전쟁(1904년)의 공통점은 무엇일까? 전쟁터가 애꿎은 한반도와 주변 바다였다는 점이다. 그때 조선은 다른 나라가 우리 땅에 와서 서로 치고 받고 싸우는 것을 보면서도 "여기서 이러면 안 된다."고 할 힘이 없었다. 두 번째 공통점은 두 전쟁의 승자가 모두 일본이라는 사실이다. 일본은 세계에서 인구가 가장 많은 중국을 격파했고, 세계에서 가장 넓은 땅덩이를 가진 러시아를 무너뜨렸다.

청일 전쟁과 러일 전쟁에서 승리한 일본은 섬나라 원숭이가 판다 중국과 북극곰 러시아를 이겼다는 비아냥거림 따위는 아랑곳하지 않고 제국주의 대열에 합류했고, 중국과 러시아는 극심한 내부 진통을 겪었다.

청일 전쟁 패배 후 중국은 변법자강 운동 따위의 개혁을 시도하긴 했지만 뚜렷한 성과를 이루지 못했다. 결국 쑨원이 중심이 된 세력이 1911년 우창에서 봉기해 청 왕조를 무너뜨리고 중화민국을 탄생시켰다. 이로써 중국은 수천 년 이어져 온 황제의 나라에서 공화국으로 탈바꿈했다. 1920년대에는 소련 사회주의에 영향을 받은 중국 공산당이 창당돼 중국은 국민당과 공산당이 대결을 펼쳤다. 국민당과 공산당은 공통의 적이 있을 때는 협력하고 공통의 적이 사라지면 서로 전쟁을 벌였다. 1945년 제2차 세계대전에 패한 일본이 물러나자 중국은 본격적인 내전이 벌어져 결국 마오쩌둥이 이끄는 중국 공산당이 장제스가 이끄는 국민당을 타이완으로 몰아내고 사회주의 정부인 중화인민공화국을 선포했다(1949년). 이후 중국은 덩 샤오핑이 지도자로 들어서 '검은 고양이든 흰 고양이든 쥐만 잘 잡으면 된다.'며 개혁 개방 정책을 펼쳤다. 사회주의 체제와 자본주의 경제를 결합한 중국의 실험은 오늘날까지 이어지고 있다.

러일 전쟁에 패한 러시아에서는 1917년 노동자와 병사들이 황제 니콜라이 2세를 퇴위시키는 혁명을 일으켰다. 이어 레닌은 노동자 농민 등이 중심이 된 볼셰비키 세력을 이끌고 사회주의 혁명을 일으켜 지구촌 최초로 사회주의 국가를 탄생시켰다. 이 사건은 단순히 러시아 국내 역사에만 국한되지 않고 이후 세계사에 큰 변화를 가져온 세기적 사건으로 여겨진다. 사회주의 종주국 소련은 이후 미국과 양강 구도를 유지하며 동서 냉전의 중심 국가 역할을 해 왔다.

하지만 소비에트 사회주의 공화국 연방(USSR, 소련)은 1985년 공산당 서기장이 된 고르바초프에 의해 변화를 맞았다. 그가 개혁과 개방 정책을 추진하자 소비에트 사회주의 공화국 연방에 속한 국가들이 독립을 선언했고, 소련은 지금의 러시아로 재탄생했다. 소련이 해체되자 동유럽 사회주의 국가에서도 민주화 운동이 일어났고, 동서로 분단됐던 독일은 베를린 장벽을 무너뜨리고 통일을 이루었다.

# 제1차 세계대전

## 제국주의 국가의 충돌

전쟁의 무대를 동아시아에서 다시 세계 무대로 옮겨 보자. 제국주의 열차에 마지막으로 올라탄 일본이 조선과 중국과 동아시아 여러 나라를 넘보던 20세기 초. 유럽에선 이제까지 겪어 보지 않았던 전 지구적 충돌의 기운이 감돌고 있었다.

1914년 6월 28일, 발칸 반도에 있는 사라예보를 방문 중이던 오스트리아 황태자 부부가 세르비아 청년이 쏜 총에 숨지는 사태가 발생했다. 오스트리아가 전쟁을 선포하고 독일이 오스트리아 편을 들고, 러시아가 이에 대항해 자기편을 끌어모았다. 이 사라예보 사건을 계기로 제1차 세계대전이 시작되었다.

인류의 평화를 철저하게 짓밟은 세계대전. 사라예보에서 울려 퍼진 총성이 제1차 세계대전의 신호탄이었던 것은 맞다. 하지만 사라예보 사건 이전부터 세계는 이미 충돌을 예고하고 있었다. 그날의 총성은 다만 99℃의 물을 끓어오르게 만든 1℃의 열이었

:: 암살 직전의 오스트리아 황태자 부부

을 뿐이다.

유럽의 거의 모든 나라가 총출동한 제1차 세계대전은 제국주의 시대가 시작되면서부터 예견된 것이었는지 모른다. 19세기 유럽의 열강들은 선진 문물을 전해 준다는 명분으로 아시아와 아프리카 대륙을 헤집고 다녔다. 파란 눈으로 볼 때 아시아와 아프리카는 문명의 혜택을 받지 못한 야만적인 땅이었다. 그들은 야만의 땅에 들어가 기독교를 전파하고 발달된 유럽의 문명을 전달하기 위해 갖은 애를 썼다. 하지만 그들의 진짜 목적은 다른 데 있었다. 산업 혁명을 시작한 서구 열강은 더 많은 원료가 필요했고, 그 원료로 만든 상품을 내다 팔 시장이 필요했다. 그런 이유 때문에 식민지 건설에 열을 올리기 시작한 것이다.

## 🐎 식민지 정복 선발 주자 영국과 프랑스, 후발 주자 독일의 대결

영국과 프랑스 등 제국주의 국가들이 아시아와 아프리카에서 식민지 건설에 열을 올리기 시작할 당시만 해도 식민지는 많았다. 그러나 유럽의 다른 나라들이 식민지 경쟁에 뛰어들자 나눠 가질 식민지가 부족해졌다. 그러자 식민지를 더 많이 차지하려는 제국주의 국가들 간의 경쟁이 눈에 띄기 시작했다. 이것은 마치 여러 사람이 피자 한 판을 먹다가 피자 조각이 점점 줄어들자 남은 피자 한 조각을 차지하기 위해 싸움을 벌이는 꼴과 같았다.

19세기 후반 서구 열강이 가장 치열하게 달려든 땅은 아프리카였다. 영국은 제국주의 선발 나라답게 아프리카에서 활발하게 식민지 침략을 벌였는데, 북아프리카의 이집트에서 아프리카 남단의 케이프타운을 철도와 전선으로 연결하는 종단 정책을 펼쳤다. 그리고는 인도와 오스트레일리아와 뉴질랜드 등을 식민지로 삼고 이른바 해가 지지 않는 나라를 만들었다.

영국에 이어 식민지 쟁탈전에서 랭킹 2위에 오른 나라는 프랑스였다. 라이벌 의식을 느낀 프랑스는 영국처럼 아프리카로 쳐들어갔다. 프랑스는 아프리카 대륙 서쪽에 있는 알제리와 모로코에서 시작해 동쪽으로 횡단하며 식민지를 넓혀갔다. 이것을 횡단 정책이라고 한다.

아프리카 대륙에서 펼쳐진 영국의 종단 정책과 프랑스의 횡단 정책이 부딪친 적이 있다. 이집트에서 출발해 남쪽을 향해 달리던 영국과 모로코에서 출발해 동쪽으로 달리던 프랑스가 수단의 파쇼다라는 곳에서 만나게 된 것이다. 이 사건을 파쇼다 사건이라 부르는데, 이때 프랑스의 양보로 큰 충돌은 피했다. 외려 두 나라는 이 사건을 계기로 협력 관계를 맺었다.

아프리카에 좋은 먹잇감이 있다는 소문이 유럽에 퍼지자 독일과 이탈리아, 에스파냐 같은 나라들도 아프리카 사막과 밀림으로 뛰어들었다. 후발 제국주의 국가들은 뒤늦게 뛰어들어 아프리카 한 구석을 겨우 차지하는 데 그쳤다. 그러자 비스마르크 집권 이후 강력한 국가가 된 독일은 무척 서운했다. 독일의 선택은 두 가지였다. 입맛만 다시다 유럽으로 돌아가거나, 빼앗거나.

독일은 빼앗는 방법을 택하고 프랑스가 차지하고 있던 모로코로 함대를 파견했다. 그러자 프랑스와 협력을 맺고 있는 영국이 프랑스 편을 들었다. 자칫 강대국 사이에 전쟁이 벌어질 위기였다. 영국의 지원을 받은 프랑스가 강력하게 나오자 독일은 군대를 돌릴 수밖에 없었다. 그 덕에 아프리카에서 크게 한 판 붙을 뻔한 위기

를 겨우 피할 수 있었다. 1905년 일어난 이 사건을 모로코 사건
이라고 한다.

독일은 다른 먹잇감을 찾아 아시아, 아프리카, 태평양 제도 등
을 둘러보았으나 노른자 땅은 이미 영국과 프랑스가 차지하고 있
었다. 식민지를 나눠 줄 생각이 전혀 없는 선발 제국주의 영국과
프랑스, 식민지를 만들려고 해도 영국과 프랑스 때문에 하나도
되는 게 없는 후발 제국주의 독일. 19세기 후반의 국제 정세는 식
민지를 놓고 두 세력이 날카롭게 대립하는 상황이었다.

## 🐎 유럽의 화약고 발칸 반도

그런데 왜 전쟁은 제국주의 국가들이 첨예하게 대립하는 아프
리카나 아시아가 아니라 동유럽의 발칸 반도에서 시작되었을까?
그것도 식민지를 하나도 가지고 있지 않은 오스트리아 때문에.

여기에는 복잡한 이유가 있다. 오스트리아는 바다 건너 아시아나
아프리카에 식민지가 없었다. 그래서 발칸 지역의 약소민족에 눈
독을 들이기 시작했다. 19세기 말 발칸 지역은 오스만튀르크의
영향력 아래 있었는데, 오스만튀르크가 점차 힘을 잃자 약소민
족들 사이에 독립하려는 움직임이 활발하게 일어났다. 그 가운데
세르비아는 1878년에 오스만튀르크로부터 독립한 뒤 같은 슬라

브 민족인 보스니아, 헤르체코비나 등을 통합해 대세르비아 국가를 세우려는 노력 중이었다.

그런데 1878년 오스트리아가 힘을 써 보스니아와 헤르체코비나 지역을 통치하기 시작했고, 1908년에는 두 곳을 합병해 세르비아를 화나게 만들었다. 세르비아는 오스트리아 제국이 더 이상 동유럽으로 확장되는 걸 바라지 않았다. 이런 상황에서 원수 같은 오스트리아 황태자가 사라예보 나타나자 한 세르비아 인이 황태자 부부를 저격한 것이다.

1914년 오스트리아는 즉각 세르비아에 전쟁을 선포했다. 오스트리아가 전쟁을 선포하자 독일과 불가리아, 오스만튀르크가 오

:: 사라예보 사건을 다룬 「뉴욕 해럴드」

:: 마른 강 전투

스트리아를 지원하고 나섰다. 그러자 러시아는 슬라브족의 맏형으로 세르비아를 지원했고, 영국과 프랑스 연합국과 이탈리아도 독일에 맞서 참전해 유럽의 주요 국가들이 제1차 세계대전에 휘말렸다. 여기에 일본도 영국과 맺은 동맹에 따라 프랑스 영국 연합국 측에 가담했다.

　1915년 들어 독일은 서부 전선에서 중립국인 벨기에를 침공하고 파리로 진격했다. 그러나 마른 강 전투에서 패해 전쟁은 교착 상태에 빠졌다.

# 독일군의 파리 입성을 저지한 마른 강 전투와 베르됭 전투

프랑스의 심장 파리를 점령해 승리를 결정지으려던 독일군의 계획은 1914년 파리 근교 마른 강변에서 벌어진 전투에 패해 물거품이 되었다. 90만 대군을 이끌고 파리로 진격할 때만 해도 독일군은 목적을 이룰 것처럼 보였다. 하지만 100만 프랑스군과 영국 원정군은 독일의 돌파를 훌륭히 저지했다. 2년 뒤인 1916년 독일군은 다시 한 번 파리를 점령하기 위해 진격했으나 요새 지역인 베르됭에서 프랑스군에 저지당했다. 베르됭이 파리로 향하는 길목이어서 프랑스는 베르됭을 잃고 지든가, 아니면 손실을 입더라도 지키든가 둘 중 하나를 선택해야 했다. 프랑스는 후자를 택하고 독일군을 결사적으로 저지했다. 결과 독일군을 물리쳤지만 베르됭은 거의 모든 것이 파괴되었다. 이후 베르됭 전투는 전쟁의 무의미함을 표현하는 대명사가 되었다. 이렇듯 큰 희생을 치르고 지켜 낸 파리는 제2차 세계대전 때인 1940년 독일군에게 또다시 공격당한다. 제1차 세계대전 때와 달리 프랑스군은 독일군이 파리로 진격해 오자 숨어 있다가 항복했다. 때문에 프랑스의 심장 파리는 독일군에 점령당하고 프랑스는 국외에 임시 정부를 두고 항전해야 했다.

:: 폐허가 된 베르됭

이에 독일은 바다로 눈을 돌려 잠수함을 통해 영국 상선을 공격했다. 이때 미국인 등 1000여 명이 사망했다. 연합국 측에 군수 물자를 제공하던 미국은 독일 측에 항의해 민간 상선은 공격하지 않겠다는 협정을 받아 냈다. 그러나 독일은 영국과 프랑스가 북해를 봉쇄하자 이를 뚫기 위해 1917년 이른바 무제한 잠수함 작전을 포고했다. 무제한 잠수함 작전이란 독일이 영국이나 프랑스에 출입하는 모든 선박을 격침시키는 작전이었다.

독일이 무제한 잠수함 작전을 포고하자, 연합국 측에 군수 물자를 제공하며 이익을 얻어 오던 미국은 독일에 전쟁을 선포하고

연합국 측에 참전했다. 제1차 세계대전에서 미국의 참전은 독일을 궁지로 몰아넣은 결정적 사건 가운데 하나였다.

파리 쪽 서부 전선은 교착 상태에 빠지고, 전선의 가운데 쪽인 북해에서는 독일의 잠수함이 맹위를 떨치고 있는 가운데 독일과 러시아가 대치하고 있는 동부 전선에서는 어떤 일이 벌어지고 있었을까? 동부 전선에서는 러시아가 패배를 거듭하고 있었다. 설상가상으로 러시아 내부에서는 사회주의 혁명이 일어났다1917년.

**소비에트**
회의를 뜻하는 러시아 단어로 소련의 핵심 권력 기관을 일컫는다.

:: 제1차 세계대전 때 사용된 독일 잠수함

## 전쟁 와중에 혁명이라니

러시아가 패배를 거듭하자 러시아 민중들은 혁명을 일으켰다. 러시아 혁명 결과 소비에트 정권이 들어섰다. 소비에트 정권의 수반인 레닌은 모든 전선에서 휴전이 이뤄져야 한다고 주장하며 독일과 단독으로 강화 조약을 맺고 전선에서 이탈했다. 이후 레닌은 약소 식민지 국가들의 자결권을 보장해야 한다고 주장해 전 세계 식민지 국가들에 희망을 안겼다. 다음해 미국의 윌슨 대통령도 민족 자결권을 주창해 많은 아시아, 아프리카 나라들이 해방의 꿈에 부풀었으나, 일본의 식민지였던 조선은 식민지에서 벗어나지 못했다. 일본이 제1차 세계대전의 승전국이라는 이유에서였다. 민족 자결권은 독일처럼 제1차 세계대전에서 패한 나라의 식민지에나 해당하는 것이었다.

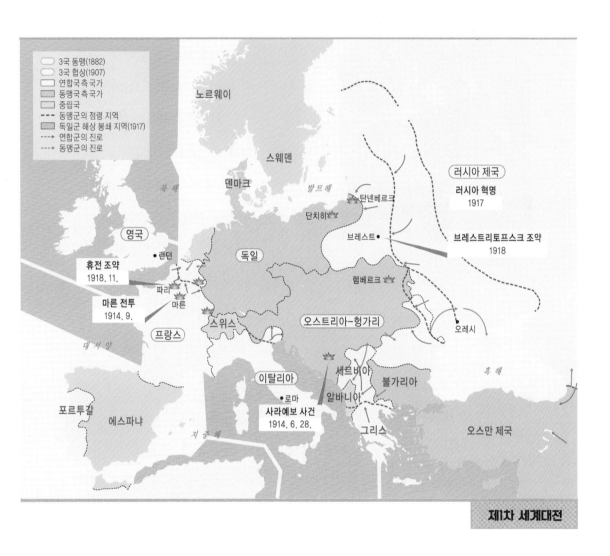

노르웨이

스웨덴

덴마크

북 해

발트 해

영국

런던

독일

탄넨베르크

단치히

브레스트

러시아 제국

러시아 혁명
1917

브레스트리토프스크 조약
1918

휴전 조약
1918. 11.

파리

마른

마른 전투
1914. 9.

스위스

렘베르크

오스트리아-헝가리

오레시

프랑스

이탈리아

세르비아

로마

사라예보 사건
1914. 6. 28.

알바니아

불가리아

흑 해

포르투갈

에스파냐

지중해

그리스

오스만 제국

3국 동맹(1882)
3국 협상(1907)
연합국측 국가
동맹국측 국가
중립국
동맹군의 점령 지역
독일군 해상 봉쇄 지역(1917)
연합군의 진로
동맹군의 진로

대 서 양

제1차 세계대전

∷ 빌 헬름 2세와 윈스턴 처칠

러시아와 강화 조약을 맺어 동부 전선을 안정시킨 독일은 1918년 다시 서부 전선에 총력을 기울였으나 성과를 이루지는 못했다. 외려 동맹국인 오스만튀르크, 불가리아, 오스트리아가 잇따라 항복하는 사태가 발생했다. 엎친 데 덮친 격으로 독일 내에서 수병들이 반란을 일으키고, 빌헬름 2세가 네덜란드로 망명하는 사태가 발생했다. 독일은 더 이상 전쟁을 이어가지 못하고 연합국 측과 휴전 조약을 맺었다. 이로써 1914년부터 4년 반을 이어 온 세계대전이 끝났다. 승자는 영국, 프랑스, 미국의 연합국, 패자는 독일과 오스트리아와 오스만튀르크였다.

제1차 세계대전의 불길은 미국이 참전해 잡혔다고 볼 수 있다. 미국은 미국인들을 태운 배가 독일의 잠수함에 침몰하자 전쟁에 개입했다. 미군이 참전하자 영국 프랑스 연합군은 독일군을 물리치고 전쟁에 승리했다.

제1차 세계대전은 신무기 발표장이었다. 비록 정찰용이긴 하지만 비행기가 처음으로 전쟁에 선보였고, 독가스 같은 화학 무기가 등장했으며, 탱크와 잠수함이 투입돼 맹위를 떨쳤다. 이 때문에 앞선 전쟁과는 비교도 할 수 없을만큼 많은 사람들이 죽거나 다쳤다. 전쟁이 벌어진 4년 반 동안 1000만 명이 죽었고, 2000만 명이 부상을 당했다. 반면 연합국 측에 군수 물자를 제공하던 미국은 가장 적은 희생을 치르고 가장 많은 이익을 얻었다.

미국은 이 전쟁을 계기로 강국으로 떠올랐다. 전쟁이 끝나기 전부터 미국은 이미 세계 질서를 좌우할 입장을 제시했다. 미국의 대통령 윌슨은 제1차 세계대전이 벌어지고 있던 1918년 14개조의 평화 원칙을 제시해 좋은 반응을 얻었다. 윌슨이 제시한 평화 원칙 가운데는 식민지 국가들이 자기 결정권을 가진다는 민족자결주의 원칙과 세계 평화 유지를 위한 국제기구 창설이 포함돼 있었다. 이에 일제 식민지였던 조선은 식민 통치에서 벗어날 희망을 품게 되었다.

:: 네덜란드로 망명한 빌 헬름 2세

# 종전 후 베르사유 체제와 국제 연맹 창설

전쟁이 끝난 이듬해인 1919년 연합국과 패전국 독일이 프랑스 베르사유에서 조약을 맺었다. 이후 유럽 사회에는 베르사유 조약에 따라 새로운 국제 질서가 만들어졌는데, 이 새로운 국제 질서를 베르사유 체제라 부른다. 베르사유 조약은 승전국에는 한없이 풍성한 반면, 패전국 독일에겐 과도하게 가혹했다. 베르사유 조약에 따라 독일은 비스마르크 때 얻은 알자스로렌 지방을 다시 넘겨주어야했고, 가지고 있던 식민지를 모두 토해 내야 했다. 그리고 잠수함과 신무기는 가질 수 없었고, 군대는 10만 명 이하로 제한을 받았다. 여기에 1320억 마르크를 금화로 배상해야 했다.

전쟁에서 승리한 영국, 프랑스, 미국, 일본은 거느리던 식민지를 그대로 유지하도록 했다. 미국 대통령 윌슨이 1919년 파리 강화 회의에서 민족자결주의 원칙에 따라 식민지 민족들을 다른 나라의 간섭에서 벗어나게 해 주자고 했지만, 그건 패전국인 독일 식민지에나 해당하는 이야기였다. 그런 이유로 제1차 세계대전의 승전국인 일본의 식민지였던 조선은 일본의 식민 지배에서 벗어날 수 없었다.

제1차 세계대전 결과 유럽에선 많은 변화가 일어났다. 오스트리아 제국에서 헝가리와 체코가 떨어져 나가고, 독일 제국은 해체되어 바이마르 공화국이 되었다. 오스만튀르크 제국은 발칸 지역에서 거의 모든 영토를 잃고 오늘날의 터키가 되었다. 전쟁 중에 혁명을 겪은 러시아는 세계 최초의 사회주의 국가인 소련이 되었다. 폴란드가 탄생하고, 전쟁터였던 발칸 반도에는 세르비아, 보스니아, 헤르체코비나가 합쳐져 유고슬라비아 연방을 이루었다. 이 연방은 오늘날

:: 베르사유 조약

다시 여러 나라로 나뉘었다.

　제1차 세계대전 이후 생겨난 가장 주목할 만한 변화로 국제 연맹 창설을 들 수 있다. 국제 연맹은 전쟁 억제와 국제 질서를 잡기 위해 미국의 윌슨 대통령이 제창해 만들었는데, 제창국인 미국이 불참하고, 독일과 소련도 처음에는 제외되었으며, 침략 행위를 저지할 군대가 없었으므로 평화를 유지하는 데 어려움이 많았다.

　가장 큰 피해를 당한 건 독일이었다. 앞서 언급했다시피 영토를 잃고 돈을 잃고 자존심도 잃고 군대도 잃었다. 그러자 베르사유 조약이 독일에게 너무 가혹한 조처라며 투덜대고 다니던 오스트리아 출신의 한 독일인은 승전국에 무척 큰 불만을 가졌다.

　그 독일인은 그림에 다소 소질이 있고, 독일 게르만 민족이 세계에서 가장 위대하다는 자부심을 가졌으며, 유대인은 마치 병균이나 쓰레기 같아서 지구에서 모조리 없애 버려야 한다는 생각을 가진 사람이었다. 이 사람이 바로 제2차 세계대전을 일으킨 아돌프 히틀러였다.

# 제2차 세계대전

## 실패로 끝난 독일의 복수전

1919년 제1차 세계대전이 끝나자 전승국의 얼굴엔 웃음꽃이 피었다. 그러나 전쟁이 끝나고 10년 뒤 미국에서 시작된 경제 공황은 미국을 포함한 전승국들의 웃음을 한 번에 앗아 갔다. 하지만 미국발 경제 공황보다 더 무서운 건 패전국 독일에서 이름을 떨치기 시작한 히틀러의 존재였다. 그의 출현은 이제까지 인류가 경험하지 못했던 크나큰 재앙, 즉 제2차 세계대전의 씨앗이 되었다.

제1차 세계대전을 치르고 난 세계는 왜 또다시 그보다 몇 배 더 큰 전쟁을 치른 걸까? 그것은 제1차 세계대전 이후 20여 년 동안 세계 곳곳에서 벌어진 여러 가지 일과 관련이 있다. 특히 제2차 세계대전의 패전국이 되는 이탈리아, 일본, 독일에선 전쟁을 예고하는 불씨가 서서히 타오르고 있었다.

이탈리아는 제1차 세계대전이 일어나기 전 독일 편에 섰다가 전쟁이 발발하자 연합국 측에 붙었다. 그래서 다행히 전승국이 되었지만 이후 경제는 악화되었다. 그 혼란을 틈타 1922년 무솔리니는 로마로 군대를 이끌고 들어가 권력을 장악했다. 군사 독재 세력인 무솔리니 일당을 파시스트라 부른다. 이탈리아는 제1차 세계대전이 끝나고 얻은 게 별로 없어서 불만이 많은 상태였다.

일본 역시 제1차 세계대전의 전승국이다. 남의 대륙에서 벌어진 전쟁 덕에 경제 호황을 누렸지만, 전후 처리에 대해서는 미국, 영국, 프랑스만 이득을 챙긴다고 불만이 많았다. 게다가 관동대지진이 일어나고 미국에서 시작된 세계 경제 공황 여파로 사회가 몹시 불안했다. 그래서 일본도 이탈리아처럼 군사력을 키우는 데 열을 올리는 군국주의 길로 들어서게 된다. 일본 군국주의의 칼끝이 겨눈 곳은 한국과 중국 그리고 동아시아였다.

제1차 세계대전의 최대 패전국인 독일은 전쟁이 끝나자 나라 꼴이 말이 아니었다. 실업자가 넘쳐나고, 물가가 하늘 높이 치솟고, 100년이 지나도 다 못 갚을 것 같은 전쟁 배상금 때문에 독일 국민들은 낙담했다. 또한 공산주의와 **나치스** 때문에 사회가 무척 혼란스러웠다.

바로 이때 그런 혼란을 기회로 생각한 사람이 있었다. 나폴레옹을 우상으로 삼고 무솔리니를 가슴 깊이 존경한 히틀러가 그 주인공이었다. 나치스를 장악한 히틀러는 나폴레옹처럼 유럽을 제패할 음모를 꿈꾸기 시작했다.

**나치스**
히틀러를 우두머리로 한 독일의 파시스트당. 국가 사회주의 독일 노동당, 나치라고도 한다.

히틀러가 나치스를 기반으로 독재 정치를 펼치던 것을 나치즘이라고 한다. 이탈리아의 파시즘, 일본의 군국주의, 독일의 나치즘을 일컬어 전체주의라 부른다. 전체주의는 전체국가를 위해 개인의 자유를 철저하게 제한하는 정책 또는 이념으로, 폭력으로 권력을 유지하고 그 폭력으로 다른 나라를 괴롭히는 특징이 있다.

이 전체주의 국가들이 경제 문제를 해결하고자 1930년대 초반부터 아시아와 아프리카, 유럽을 돌아다니며 식민지 건설에 열을 올리기 시작했다. 베를린과 도쿄와 로마를 연결하는 전체주의 패거리가 형성되자 세계에는 다시 전쟁의 먹구름이 드리우기 시작했다. 결국 이 세 나라 가운데 독일이 폴란드를 침공한 것을 시발로 제2차 세계대전이 시작되었고, 지구촌은 또다시 전쟁의 소용돌이에 휘말리게 되었다.

:: 히틀러(왼쪽)와 무솔리니

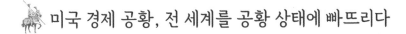 ## 미국 경제 공황, 전 세계를 공황 상태에 빠뜨리다

전체주의 국가들이 침략 전쟁에 나선 건 미국의 경제 공황과 관련이 깊다. 제1차 세계대전에서 유럽의 연합국 측에 무기와 물자를 팔아 경제 호황을 누리던 미국은 전쟁이 끝나자 남아도는 상품을 더 이상 팔 수 없게 되었다. 그런 영향으로 1929년 10월 24일 뉴욕 주식 시장의 주가가 곤두박질치기 시작했다.

주가가 바닥 모르고 떨어지자 하루에도 수십 개의 공장과 은행이 문을 닫고, 농산물 가격이 폭락했으며, 공장에서 쫓겨난 노동자가 거리에 넘쳤다. 실업자가 넘쳐 나자 물건이 팔리지 않아 또다시 공장이 문을 닫고, 다시 해고로 이어지는 악순환이 반복되었다. 미국을 공황 상태에 빠뜨린 이 사건을 경제 공황이라 부른다. 우리나라도 이런 경제 위기를 1997년 외환위기 사태 때 경험한 바 있다.

미국의 루즈벨트 대통령은 경제 공황을 극복하기 위해 이른바 뉴딜 정책을 폈다. 그리고 아메리카 대륙에 있는 다른 나라들과 손잡고 보호 무역을 시행했다. 보호 무역은 자국의 산업을 보호 육성하기 위해 정부가 외국과의 무역에 간섭하는 것을 말한다. 영국과 프랑스는 소유하고 있던 식민지를 묶어 블록 경제 체제를 만들어 제 살길을 찾아 나섰다. 블록 경제 체제란 정치 경

:: 미국 경제 공황 당시 공짜 저녁을 먹으려고
줄을 서 있는 실직자와 노숙인들

제적으로 관계가 깊은 국가가 결집해 서로 경제 교류를 촉진하는 한편, 그 외 나라에 대해서는 폐쇄적인 관계를 맺는 것을 말한다. 이렇듯 미국과 유럽의 나라들은 경제 위기를 극복하기 위해 몸부림을 쳤다.

그러나 독일은 사정이 달랐다. 미국이나 영국, 프랑스는 식민지라도 있었지만 제1차 세계대전에 패해 식민지를 잃은 독일은 도무지 탈출구가 보이지 않았다. 어떻게 이 절체절명의 위기를 극복할 것인가. 독일 국민들은 아무리 머리를 쥐어짜도 도무지 답이 나오지 않았다. 바로 그때 히틀러가 나타난 것이다. 여기서 잠깐 히틀러의 히스토리를 살펴보자.

제1차 세계대전이 터지자 자진 입대한 그는 독일이 전쟁에 패하자 무척 낙심했다. 그는 전쟁이 끝나고 맺은 베르사유 조약이 독일에겐 너무 부당하다고 생각했다. 그래서 그는 국가를 우선시하는 나치스의 당원이 되었다. 그는 나치스에 들어가자마자 곧 주목을 받았다.

히틀러는 웅변의 달인이었다. 혼자 거울을 보며 대중을 상대로 연설하는 연습을 많이 했다. 나중에 그는 웅변 효과를 극대화하기 위해 일체감을 불러일으키는 무대 장치와 그를 영웅으로 보이게 만드는 조명도 즐겨 사용했다. 히틀러가 광장에 있는 대중을 상대로 연설을 하면 뜨거운 말의 기운이 대중을 휘감았다.

"지금 독일은 처참한 상황에 놓여 있다. 그러나 우리는 세계에서 가장 우수한 게르만 민족이다. 가장 우수한 민족이 세계를 지배하는 건 당연한 일이다. 나와 함께 독일의 영광을 되찾자!"

당시 독일에선 히틀러에 관해 두 가지 시선이 있었다고 한다. 하나는 나치스는 별 볼일 없는 전체주의 독재 정당이므로 신경 쓸 것 없다는 견해, 또 하나는 히틀러가 독일 민족을 경제 위기에서 구해 줄 메시아인지도 모른다는 생각. 두 번째 의견에 동조하는 많은 사람이 히틀러 곁으로 모여들었다.

1933년은 독일 역사에서 무척 중요한 한 해였다. 이해 나치스가 의회를 장악하고 히틀러는 그 당의 수상이 되었다. 수상이 된 히틀러는 독일 제국을 선포하고 총통 자리에 올랐다.

##  제2차 세계대전의 방아쇠를 당긴 히틀러

1935년 드디어 히틀러는 세계 지배에 대한 야욕을 드러냈다.
"배상금 못 갚아. 우리도 군사 재무장을 할 거야!"

히틀러는 제1차 세계대전에 패한 뒤 연합국과 맺은 베르사유 조약을 휴지통에 처박아 버린 뒤 군대를 강화하기 시작했다. 전쟁에 필요한 물자도 마구 생산했다. 물자를 실어 나르기 위해 고속도로를 닦고, 실업자로 지내던 독일 사람들을 그 공사 현장과 무기 생산 공장에서 일하게 했다. 그러자 독일 국민들은 히틀러에게 열광했다. 지지도가 무려 90퍼센트 가까이 오를 정도였다.

독일은 같은 전체주의 국가인 이탈리아, 일본과 손을 잡았다. 그리고 오스트리아를 합병하고 독일 영토였던 체코슬로바키아의 수데텐 지방을 달라고 요구했다. 영국과 프랑스는 독일이 더 이상 영토를 요구하지 않는다는 조건으로 허락했다. 땅 하나를 떼어 주고 히틀러를 달래면 될 줄 알았다. 하지만 그것은 착각이었다. 히틀러는 얼마 뒤 체코슬로바키아 전체를 차지해 버렸다.

어느 정도 전쟁 준비가 끝나자 독일은 원래 독일 땅이었다며 폴란드에게 단치히를 달라고 요구했다. 당연히 폴란드가 거부하자 히틀러는 1939년 9월 1일 독일과 폴란드 국경선을 부수고 폴란드를 침공했다. 제2차 세계대전의 방아쇠를 당긴 것이다.

히틀러는 치밀했다. 폴란드를 침공하기 전 동쪽에 있는 소련과 상호 불가침 조약을 맺었다. 상대 국가가 전쟁을 치르는 동안 중립을 지키자는 약속이었다. 그 대가로 두 나라는 폴란드와 동유럽 땅들을 적당히 나눠 갖기로 했다. 독일이 서부 전선의 프랑스

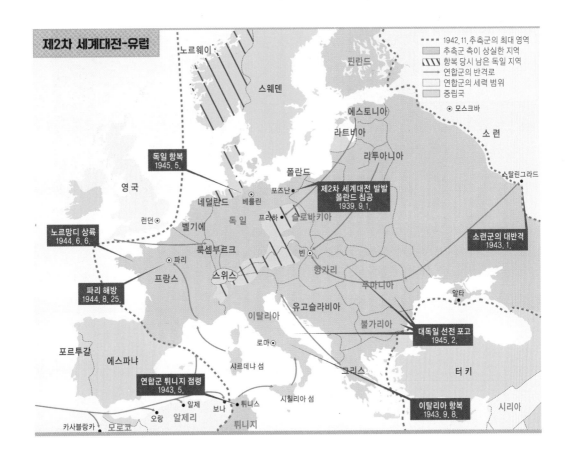

**제2차 세계대전-유럽**

- ···· 1942. 11. 추축군의 최대 영역
- ▨ 추축군 측이 상실한 지역
- ▧ 항복 당시 남은 독일 지역
- → 연합군의 반격로
- ▢ 연합군의 세력 범위
- ▢ 중립국

노르웨이
스웨덴
핀란드
에스토니아
라트비아
리투아니아
⊙ 모스크바
소 련
스탈린그라드

**독일 항복**
**1945. 5.**

**제2차 세계대전 발발**
**폴란드 침공**
**1939. 9. 1.**

영국
폴란드
포즈난
네덜란드
베를린
런던 ⊙
벨기에
독 일
프라하
슬로바키아

**소련군의 대반격**
**1943. 1.**

**노르망디 상륙**
**1944. 6. 6.**

룩셈부르크
⊙ 파리
빈
헝가리
루마니아
얄타

**파리 해방**
**1944. 8. 25.**

프랑스
스위스
유고슬라비아
불가리아

**대독일 선전 포고**
**1945. 2.**

이탈리아
로마 ⊙
터 키
포르투갈
에스파냐
샤르데냐 섬
그리스
시리아

**연합군 튀니지 점령**
**1943. 5.**

알제
보나
튀니스
시칠리아 섬

**이탈리아 항복**
**1943. 9. 8.**

카사블랑카
모로코
오랑
알제리
알제리
튀니지

와 동부 전선의 소련을 동시에 상대하려면 아무래도 힘이 부칠 것 같아서 소련과 미리 불가침 조약을 맺은 것이다.

독일과 소련이 맺은 약속을 독·소 불가침 조약이라고 한다. 이 조약을 맺은 후 일주일 뒤 독일은 폴란드를 침공했고, 이틀 뒤 영국과 프랑스가 독일에 선전 포고를 했다. 독일은 폴란드를 침공한 지 2주 만에 폴란드 서부를 점령하고, 소련은 폴란드 동부를 차

:: 파리를 점령한 독일군

지했다.

전쟁을 시작하고 1년 동안 독일은 승승장구했다. 1940년 4월 덴마크와 노르웨이를 점령하고 벨기에를 지나 마침내 파리를 함락시켰다. 전차 부대를 이끌고 유럽의 거의 모든 지역을 점령한 독일은 마침내 가장 강력한 저항 세력인 영국을 공격하기 시작했다. 영국은 처칠을 중심으로 독일군이 영국에 발을 붙이지 못하도록 싸워 나갔다. 그 덕분에 런던을 비롯한 영국의 여러 도시가 독일의 무서운 폭격을 받아야 했다. 영국의 항전이 의외로 강하자 독일은 눈을 돌려 소련을 침공했다. 서로 침공하지 않겠다는 약속을 저버리고 소련을 침공한 것이다.

나폴레옹이 그랬던 것처럼 소련과 싸우는 건 무척 힘든 일이었다. 소련군의 저항도 저항이지만 가을로 접어들며 추워진 날씨는 독일 병사들을 괴롭혔다. 결국 히틀러는 러시아 대륙을 손에 넣는데 실패했다. 외려 나폴레옹처럼 수십만 명의 사망자를 내고 처참히 돌아와야 했다.

## 독일군에 패배를 안긴 스탈린그라드 전투

히틀러의 독일 군대는 1942년 여름 우크라이나 평원을 가로질러 스탈린그라드로 진격했다. 스탈린그라드 북쪽에 도착한 독일군은 여러 차례 스탈린그라드를 공격해 도시를 점령했다. 하지만 러시아의 붉은 군대의 저항이 만만치 않았다. 러시아군은 애초 스탈린그라드를 방어하는 데 초점을 둔 것에서 도시 안의 독일군을 섬멸하는 쪽으로 목표를 수정했다. 그해 11월 러시아군과 독일군의 전투가 격렬해지고 마침내 러시아 군사들이 승리했다. 스탈린그라드 전투 패배로 독일군의 불패 신화는 깨졌고, 러시아인들은 자부심을 느꼈다. 이 전투는 제2차 세계대전의 승패를 결정지을 정도는 아니었으나 독일군의 패배를 상징하는 전투가 되었다.

독일이 유럽 전역에서 영국, 프랑스, 소련과 전쟁을 치르고 있을 때, 아시아에선 일본이 아시아 국가들을 넘어 미국과 충돌했다. 1937년 중일 전쟁을 일으켜 중국과 전쟁을 치르고 있던 일본은 동남아시아로 눈을 돌려 프랑스의 식민지였던 인도차이나 반도를 점령했다. 그러자 미국이 영국, 중국과 손잡고 일본을 저지

:: 스탈린그라드 전투

했다. 이에 화가 난 일본은 1941년 태평양의 진주만에 있던 미군 해군 기지를 기습했다. 진주만 기습을 당한 미국은 경악했다. 중립적인 태도를 취하고 있던 미국은 마침내 제2차 세계대전에 뛰어들었다. 제1차 세계대전에서도 미국이 참여하면서 전세가 역전된 것처럼 이번에도 미국이 참전해 전세가 연합국 쪽으로 기울기 시작했다.

1942년 미국의 참전을 계기로 연합군은 총공세를 취하기 시작했다. 미국이 미드웨이 해전에서 일본군을 격파하고, 소련이 스탈린그라드 전투에서 독일군을 격퇴했으며, 영국과 미국 연합군은

:: 아프리카 전투

아프리카 전선에서 독일군을 무찔렀다. 1943년 연합군이 이탈리
아에 상륙하자 무솔리니 정권이 무너지고 이탈리아는 연합군에
항복했다. 그리고 1944년 연합군은 노르망디 상륙 작전을 펼쳐
파리를 해방시켰다. 승기를 잡은 연합군은 1945년 베를린으로 진
격해 마침내 독일의 항복을 받아 냈다. 히틀러가 지하 벙커에서
자살하고 난지 일주일 뒤였다.

## 끝까지 버티던 일본, 원자탄에 백기 들다

제2차 세계대전의 동맹국이었던 이탈리아와 독일이 항복했음에도 일본은 항복을 거부했다. 소련이 1945년 일본을 상대로 참전한다며 일본을 압박했지만 아랑곳하지 않았다. 연합군은 1945년 7월 포츠담에서 회의를 열어 일본에 무조건 항복하라고 압박했다. 하지만 일본은 여전히 항복할 의사가 없었다.

일본이 항복을 거부하자 미국은 이제까지 인류가 사용해 보지 않은 신무기를 사용해 보기로 결정했다. 그것은 원자탄이었다. B-29 전투기가 리틀 보이작은 꼬마라는 별명이 붙은 원자탄을 히로시마 600여 미터 상공에서 투하하자 폭발 지점의 모든 물체, 즉 건물과 사람과 나무와 고양이가 타들어 갔고, 1km 부근의 빌딩들이 무너졌다. 히로시마와 나가사키에 떨어진 원자탄 위력 앞에 일본은 무릎을 꿇었다.

:: B-29 전투기

1939년 시작된 제2차 세계대전은 전쟁이 시작된 지 6년 만에 군인 5000여 만 명과 민간인 2000여 만 명의 희생자를 낸 채 끝이 났다. 전투기와 폭격기가 가장 중요한 전쟁 무기로 등장하면서 제1차 세계대전보다 희생자가 크게 늘어났다.

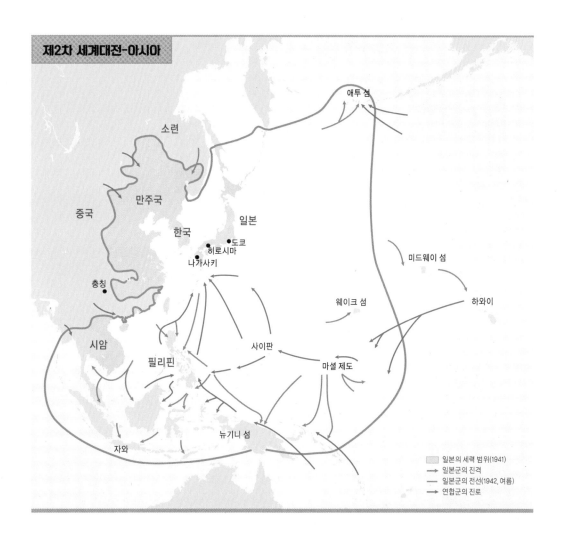

제2차 세계대전-아시아

소련

만주국

중국

애투 섬

한국

일본

도쿄
히로시마
나가사키

미드웨이 섬

충칭

웨이크 섬

하와이

시암

사이판

필리핀

마셜 제도

자와

뉴기니 섬

일본의 세력 범위(1941)
일본군의 진격
일본군의 전선(1942, 여름)
연합군의 진로

:: 히로시마와 나가사키에 떨어진 원자탄

## 세계사를 결정지은 회담-카이로 얄타 포츠담 회담

제2차 세계대전이 진행 중이던 1940년대에 세계 질서를 결정지을 중요한
회담이 열렸다. 1943년 이집트의 카이로 회담. 3대 연합국인 미국, 영국,
중국은 회담을 열어 일본이 점령한 태평양의 섬들을 일본에게서 빼앗는데
의견을 일치했다. 이 회의에서 한국을 '적당한 시기'에 독립 국가로 만들 것
을 결의했다. 1945년 2월 크림 반도의 얄타 회담. 연합국인 미국, 소련, 영
국 세 정상이 크림 반도 남쪽 해안 도시 얄타에서 만나 독일 항복 뒤 소련이
대 일본전에 참가하기로 협정을 맺었다. 1945년 7월 독일의 포츠담 회담.
3대 연합국인 미국, 영국, 중국이 일본이 전쟁을 종결할 기회를 줄 것을 합
의했다. 그럼에도 일본이 항복을 거부하자 미국은 히로시마와 나가사키에
원자탄을 투하해 일본을 굴복시키고 제2차 세계대전에 마침표를 찍었다.

# 미국 주도로 유엔 창설

제1차 세계대전에 이어 또다시 패전국이 된 독일은 동독과 서독으로 분단됐다. 서독은 영국과 프랑스와 미국이 공동 관리하고, 동독은 소련이 점령했다. 이후 서독에는 자본주의 체제인 독일 연방 공화국이 탄생했고, 동독에는 공산주의 체제인 독일 민주 공화국이 수립되었다.

두 번씩이나 세계대전을 일으킨 독일은 전 세계의 따가운 눈총을 받아야 했다. 특히 전쟁 중 유태인 600여 만 명을 죽인 것에 대해 인류 전체가 공분했다. 이후 독일은 전쟁을 일으킨 것에 대해 반성하며 나치스 전범들을 찾아내 처벌했다. 그런 노력은 오늘날까지 이어지고 있다. 그러한 태도가 차츰 세계를 안심시켰으며 오늘날 독일은 유럽의 최고 부유국이 되었다.

일본도 전범 처리를 위한 재판을 열어 전쟁 책임자 처벌에 나섰지만 핵심 책임자인 일왕 히로히토는 제외된 채 진행됐다. 이 재판에서 전쟁 범죄자들에게 사형과 종신형이 선고되었지만 일본은 그들을 자본주의 진영에 묶어 두려는 미국의 정책에 힘입어 도조 히데키 등 일곱 명만 처형되고 모두 석방되었다. 석방된 사람들이 이후 일본의 정치계와 경제계를 장악해 오늘날까지 주변 국가인 우리나라와 중국 러시아 등과 영토 분쟁을 일으키는 원인이 되었다.

제2차 세계대전 이후 전 세계는 다시금 끔직한 세계대전이 일어나지 못하게 하기 위해 국제 연맹을 손질해 국제 연합, 즉 유엔을 창설했다. 유엔은 안전보장이사회를 두어 국제 분쟁을 최소화하고, 국제 연합군을 창설해 전쟁이 일어나면 무력으로 개입할 수 있도록 했다. 이런 노력에도 불구하고 제2차 세계대전 이후 세계는 미국을 주축으로 하는 자본주의 진영과 소련을 중심으로 하는 공산주의 세력이 대립하는 냉전 체제로 접어들었다. 냉전 체제는 언제든 터질지 모르는 시한폭탄과 같았는데, 그 폭탄이 터진 곳이 1950년 한반도였다.

# 한국전쟁

## 냉전 체제의 대격돌

1950년 6월 25일 새벽. 조선민주주의인민공화국 군대가 38도 선을 뚫고 남하했다. 3년 넘게 이어진 전쟁으로 남과 북의 군인뿐만 아니라 민간인 수백여 만 명이 희생되었다. 남한과 북한의 대결로 시작된 전쟁은 유엔군과 중공군이 참전해 자본주의 진영과 공산주의 체제가 맞붙은 국제전으로 양상이 바뀌었다. 한국전쟁은 왜 일어났으며 내전으로 시작된 전쟁이 어떻게 국제전으로 바뀌었을까?

오늘날 한국전쟁은 북한 김일성이 중국의 동의와 소련의 지원을 받아 한반도를 무력으로 통일하기 위해 일으킨 전쟁으로 알려져 있다. 하지만 문제가 그렇게 간단하지만은 않다. 한국전쟁은 남과 북의 복잡한 정치 상황과 당시 소련과 미국을 중심으로 하는 공산주의 체제와 자본주의 체제의 이념 대립이 복잡하게 얽혀서 일어난 전쟁이다. 따라서 내전으로 시작해 국제전으로 바뀐 한국전쟁의 성격을 제대로 이해하려면 해방 이후 남과 북의 복잡한 정치 상황과 미국과 소련·중국의 이해관계를 파악해 볼 필요가 있다.

먼저 1945년 8월 15일 한반도로 돌아가 보자. 일본이 연합군에 항복해 식민지였던 우리는 해방을 맞았다. 한반도가 기쁨의 열기로 뒤덮혔지만 그 열기는 이내 식어 버렸다. 남한과 북한에 각각 미군과 소련군이 들어왔기 때문이다. 이 외국 군대가 해방군이었는지 점령군이었는지에 대한 해석은 오늘날까지 엇갈려 쉽게 단정할 순 없다. 하지만 그때부터 우리 민족의 운명을 우리가 주무를 수 없는 상황이 되었다는 것은 분명하다.

미국과 소련은 무슨 생각으로 한반도의 남과 북으로 들어온 것일까? 제2차 세계대전이 끝나기도 전에 미국과 소련은 제2차 세계대전이 끝난 뒤 일본의 식민지인 한반도를 어떻게 처리할 것인가에 대해 의견을 나누었다. 두 나라는 여러 번의 회담을 통해 한반도를 38도선을 경계로 분할하고 일정 기간 동안 신탁 통치한다는 것에 동의했다. 제2차 세계대전이 끝나고 그 결정은 현실이 되었다. 남과 북에 들어온 미군과 소련군은 한반도 허리를 가르는 38도선을 설치했다. 38도선은 자본주의와 공산주의 체제가 대립하는 이념 대립의 최전선이 되었다.

우리의 운명을 우리 스스로 결정할 수 없는 상황을 맞은 우리

:: 38도선

민족은 무척 실망했다. 우리 국민은 38도선을 무너뜨리고 통일된 정부를 세우기 위해 노력했다. 하지만 너무나 다양한 의견이 충돌하는 바람에 미국과 소련의 결정을 물리칠 힘을 얻지 못했다.

이런 와중에 연합국이었던 영국 미국 소련의 외무장관들이 1945년 12월 모스크바에 모여 한반도에 어떻게 정부를 세울지 논의했다. 이 모스크바 3상회의에서 한반도의 운명을 결정지을 몇 가지 중요한 사항이 결정되었다.

먼저 한반도에 임시정부를 세우기로 하고, 이를 논의하기 위해 미국과 소련이 회의를 개최하며, 연합국이 한반도를 일정 기간 동안 신탁 통치하기로 했다. 그런데 이 내용이 국내 한 신문에 잘못 소개되는 바람에 남한에서는 극심한 좌우 갈등이 빚어졌다. 오보의 내용은 이런 것이었다. '소련은 신탁 통치 주장, 미국은 즉

시 독립 주장.' 물론 사실과 정반대인 오보였다. 하지만 남한의 좌익과 우익은 이 오보 때문에 반탁과 찬탁으로 갈려 극렬하게 대립했다.

우익은 모스크바 3상회의 결정을 무조건 거부하며 신탁 통치 반대 투쟁에 나섰다. 좌익도 처음에는 모스크바 3상회의 결정에 반대해 반탁 운동을 벌이다가 회의 내용이 잘못 전달된 것을 알고 모스크바 3상회의 지지로 입장을 바꿨다. 이때부터 반탁과 찬탁 투쟁이 격렬하게 전개되었다. 신문 내용이 오보였다는 것이 밝혀진 다음에도 대립은 멈추지 않았다. 우익 세력은 연합국의 신탁 통치를 절대 받을 수 없다며 저항했고, 좌익은 먼저 임시정부를 세운 뒤 한반도에 통일된 정부를 세우자고 주장했다.

이러한 좌우 갈등은 해방 뒤 3년 내내 이어졌다. 이런 갈등이 통일 정부를 세우는데 걸림돌이 되었다. 미국과 소련은 회의를 열어 남과 북을 하나로 엮는 임시정부 수립을 논의하는 한편, 극심한 대립을 겪고 있는 남한의 좌익과 우익 세력을 불러 좌우 합작을 통한 임시정부 수립을 논의하게 했다. 하지만 이러한 노력은 극심한 좌우 갈등 때문에 실패했다. 일부는 분단이 되더라도 남한만의 단독 정부를 세우자고 주장했고, 일부는 단독 정부 수립은 절대 안 된다며 맞섰다.

임시정부 수립을 위한 미국과 소련의 공동위원회 회의가 모두 결렬되자 미국은 한반도 문제를 유엔에 넘겨 버렸다. 이에 유엔은 한반도에서 총선거를 실시하기로 결정했지만 이마저도 소련과 북한의 반대로 실패하자, 마침내 남한만의 단독 선거를 통한 단독 정부 수립 쪽으로 방향을 잡았다. 이 결정은 이후 한반도가 전쟁의 소용돌이 속으로 빠져들게 하는 큰 원인이 되었다.

1945년 5월 10일 남한만의 단독 선거가 실시되었다. 제주도에서 단독 선거에 반대하는 무장 투쟁이 전개되기도 했지만 선거는 치러졌고, 국회가 구성되어 헌법이 제정되고 마침내 8월 15일 대한민국 정부가 수립되었다.

## 남쪽과 북쪽에 들어선 단독 정부

김구와 여운형 김규식 같은 남한의 지도자들은 단독 정부가 세워지면 장차 동족끼리 피를 흘리는 동족상잔의 비극을 피하기 어려울 것이라고 예견했다. 아니나 다를까, 남한이 단독 정부를 세우자 북한은 기다렸다는 듯 북쪽에 정부를 세웠다. 이로써 남쪽과 북쪽에는 대한민국과 조선민주주의인민공화국이라는 두 개의 정부가 들어섰다. 그리고 지도자들의 예견대로 남과 북의 두 정권은 동족상잔의 비극을 향해 치달았다.

남쪽과 북쪽에 각각 들어선 정부는 달라도 너무 달랐다. 일제

:: 김규식 서재필 여운형(왼쪽부터)

강점기 만주에서 항일 투쟁을 하던 사람들이 주축이 된 북한은
소련의 지원을 받아 공산주의 국가를 지향했다. 남쪽 정부는 독
립 운동을 했던 인사들과 일제 시절 친일 행각을 벌였던 인사들
이 섞여 있었다. 그래서 그런지 남한의 이승만 정권은 친일 반역
자를 처벌하는 데 미온적인 태도를 보였다. 친일 반역자를 처벌
하기 위해 만든 반민족 행위 특별 조사 위원회의 활동을 와해시
키는가 하면 친일 경찰들을 그대로 요직에 기용했다. 그에 따라
해방 후 우리 민족 최대 과제였던 친일 청산은 물 건너가고, 친일
청산을 주장하는 사람들은 소위 빨갱이로 몰려 탄압을 받았다.

반면 북한은 정부 수립 전후로 친일 반역자들을 몰아내고, 토지 개혁을 단행해 북한 주민들의 지지를 높이려 했다. 하지만 그들은 항일 전사답게 지나치게 호전적인 게 문제였다. 김일성은 스탈린과 마오쩌둥에게 전쟁 계획을 설명하고 지지를 이끌어 내기 위해 모스크바와 북경을 몰래 드나들었다.

호전적이기는 남한의 이승만도 뒤지지 않았다. 이승만은 걸핏하면 북진 통일을 주장해 미국을 긴장시켰다. 이렇듯 서로 으르렁 대던 남한과 북한은 38도선을 사이에 두고 간헐적인 전투를 벌였다. 이런 와중에 김일성이 오판하도록 만드는 사건이 벌어졌다. 남한에 있던 미군이 군대를 철수한 것이다. 그러자 북한 김일성은 전쟁이 일어나도 미군이 개입하지 않을 것이라 판단했다. 그는 소련의 지원과 중국의 동의를 얻어내 마침내 한반도를 무력으로 통일하기 위한 전쟁을 개시했다.

## 하나의 전쟁 서로 다른 이름

1950년 남과 북이 충돌한 전쟁을 남한에서는 북한이 전격 침공한 6월 25일을 강조하기 위해 6·25전쟁이라 부른다. 북한은 남한을 해방하려고 일으킨 전쟁이란 뜻에서 조국해방전쟁이라고 부른다. 외국에서는 한국에서 벌어진 전쟁이라고 해서 한국전쟁이라고 부른다. 한국전쟁에 참여했던 중국은 '미국에 대항해, 조선을 도운 전쟁'이란 뜻으로 '항미원조'라고 한다. 임진왜란 때 명나라가 조선에 구원병을 파병하면서 내세웠던 '항왜원조'와 비슷한 개념이다.

무너지는 38도선 전쟁이 시작되다

1950년 6월 25일 새벽 4시. 북한 인민군의 공격으로 전쟁이 시작되었다. 북한군은 소련제 탱크를 앞세우고 간단히 38도선을 무너뜨렸다. 그날은 마침 일요일이어서 한국군은 휴가 나간 군인들도 많았고, 무엇보다 전쟁에 대한 준비가 돼 있지 않아서 북한군의 기습에 제대로 대응하지 못했다.

전쟁이 발발하자 남한 정부의 책임자 이승만은 서울을 빠져 나가 남쪽으로 도피했다. 임진왜란 때 일본군이 쳐들어오자 한양을 버리고 북쪽으로 피난 갔던 선조와 닮은 모습이었다. 한 가지 다른 게 있다면 선조는 앞을 막는 백성들을 뿌리치고 갔다는 것이고 이승만은 몰래 도망쳤다는 점이다. 이승만은 27일 대전에서 라디오 방송을 통해 우리의 용맹한 국군이 적을 물리치고 있으니 서울 시민들은 동요하지 말고 각자의 위치를 지켜 달라고 호소했다. 그러고 나서 이승만은 유일한 한강 다리인 한강 철교를 폭파해 버렸다. 인민군의 남하를 저지하기 위해서였다

:: 한국전쟁

지만 그 폭파로 피난민 수백 명이 목숨을 잃었다.

전쟁 개시 3일 만에 서울을 점령한 북한군은 며칠 뒤 남하를 시작했다. 파죽지세로 밀고 내려 간 북한 인민군은 낙동강을 사이에 두고 우리 군과 대치했다. 국토를 90퍼센트 넘게 차지한 북한군은 그들의 목표에 거의 도달하는 듯했다. 이승만은 몸이 달았다. 자칫하면 북한에게 나라를 빼앗길 상황이었다.

북한군의 남침 직후 이승만은 일본에 주둔하고 있던 미 극동군 사령관에 도움을 요청했다. 미군은 유엔 결의를 바탕으로 한반도에 군대를 파견하기로 결정하고 마침내 15개국 군인들로 이뤄진 유엔군을 한반도에 상륙시켰다. 이때부터 전시 작전권은 맥아더 사령관에 넘어가고, 남한과 북한의 싸움은 국제전으로 양상이 바뀌었다.

역전의 기회를 모색하던 맥아더는 서해를 따라 북상해 9월 15일 인천상륙작전을 감행했다. 제2차 세계대전에서 연합군이 노르망디 상륙작전을 펼쳐 파리를 해방시킨 것처럼, 맥아더는 인천상륙작전을 성공시켜 9월 28일 서울을 탈환했다. 우리 국군과 유엔군은 서울을 지나 북진했다. 개성과 평양을 점령한 유엔군과 국군은 여세를 몰아 압록강 아래까지 진격했다. 이번엔 국군과 유엔군에 의해 한반도가 통일될 것처럼 보였다.

그러나 예기치 못한 변수 때문에 계획은 좌절되었다. 김일성이

북한군의 남침(1950. 6. 25.~1950. 9. 15.)

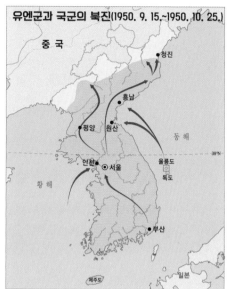

유엔군과 국군의 북진(1950. 9. 15.~1950. 10. 25.)

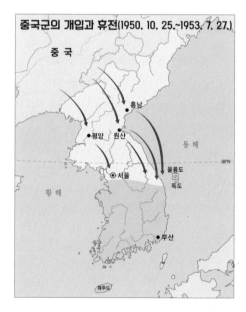

중국군의 개입과 휴전(1950. 10. 25.~1953. 7. 27.)

한국전쟁 3단계

중국에 도움을 요청하자 마오쩌둥은 한반도에 중공군을 파병하기로 결정했다. 중공군이 압록강을 건너 전쟁에 개입하자 전쟁 양상은 국제전으로 더욱 확대되었다. 중공군은 수적 우위를 바탕으로 미군을 밀어냈다. 1950년 겨울 개마고원 근처 장진호 전투에서 미군 해병대는 중공군의 파상 공세에 크게 패하고 말았다. 미군은 후퇴를 결정하고 흥남부두를 통해 남쪽으로 철수하기 시작했다. 이때 서울에서도 또 다시 피난이 시작되었다. 이른바 1·4 후퇴였다.

## 중공군은 정말 인해전술을 사용했을까?

인해전술이란 열악한 무기로는 안 되니까 '바다처럼 많은 쪽수'로 밀어붙이는 전술이란 뜻. 장진호 전투 때 '중공군이 끊임없이 밀려와서 그 시체로 진지를 구축할 정도'였다는 미군들의 증언 때문에 인해전술이란 말이 생겼지만, 인해전술은 중공군이 주로 쓰는 전술이 아니었다. 중공군은 주로 밤에 산을 타고 진군하며 적을 포위, 기습 하는 게릴라 전술을 사용했다. 중공군에 대한 미군의 공포가 '인해전술'이란 말을 만들어 냈다.

## 유엔군과 중공군 참전, 국제전으로

중공군에 밀려 남쪽으로 후퇴한 국군과 유엔군은 재차 반격을 시도해 1951년 여름 예전 38도선까지 영토를 회복했다. 이때부터 휴전 협상이 시작돼 전쟁은 길고 지루한 양상을 띠기 시작했다. 휴전 협상이 진행되는 중에도 전쟁은 멈추지 않고 이어졌다. 전쟁이 끝나기 전에 한 치의 땅이라도 더 차지하기 위한 몸부림이었다.

1953년 7월 27일. 미군과 북한군 사이에 휴전 협정이 맺어져 3

:: 한국전쟁에 참전한 미군

:: 한국전쟁에 참전한 중공군

:: 한국전쟁에 참전한 영국군

:: 한국전쟁에 참전한 소련군

:: 한국전쟁 직후 강원도 인제에서
위문 공연을 한 마릴린 몬로

년을 이어 온 전쟁이 모두 끝났다. 우리 정부는 휴선에 반대한다는 명분으로 휴전 협정에 참여하지 않았으나, 실은 작전권을 포함한 모든 권한이 미군에 넘어간 상황이어서 휴전 협상 주체로 나서지 못한 것이었다. 한국전쟁 중 미군에 넘어간 작전권 중 평시 작전권은 50여 년 뒤 노무현 정부 때 넘겨받았지만 전시 작전권은 아직까지 반환받지 못했다.

한국전쟁으로 얼마나 많은 사람이 죽었는지는 연구 자료마다 조금씩 차이가 난다. 남한에서 주장하는 것과 북한에서 주장하는 게 달라서 정확하게는 알 수 없다. 하지만 자료를 종합해 보면, 남한 군인은 약 40만 명, 유엔군은 15만 명이 전사했다. 북한군과 중공군 사망자는 100만 명을 넘는다. 민간인도 남과 북에서 각각 100만 명 이상이 죽었다고 한다. 행방불명자도 150만 명이 넘고, 가족과 헤어진 이산가족은 1000만 명이나 된다.

한반도는 남과 북 할 것 없이 모조리 파괴되었다. 공장 같은 산업 시설, 건물, 학교, 집이 잿더미가 됐다. 그러나 전쟁이 남긴 가장 큰 상처는 분단이 더욱 고착화되고, 남과 북이 원수가 되었다는 사실이다. 전쟁 중 국군과 북한군은 자기편에 협조하지 않는 민간인들을 무참히 학살했는데, 이것 때문에 서로에 대한 씻을 수 없는 원한이 쌓였다. 이러한 원한이 60여 년이 지난 지금도 그대로 남아 있어 남과 북이 통일을 이야기하는 데 큰 걸림돌이 되고 있다.

# 유일한 분단국가로 남은 남과 북

전쟁이 끝난 한반도에는 38도선 대신 휴전선이 가로놓였다. 휴전선은 남한과 북한을 나누는 군사 분계선이자 자본주의 진영과 사회주의 진영을 나누는 동서 냉전의 상징이 되었다. 전쟁 이전에 있던 38도선과 휴전선은 어떻게 다를까. 한반도의 허리를 가로지는 건 같은데, 휴전선이 생기면서 전쟁 이후 남북한의 영토가 조금 달라졌다. 가령, 남한 땅이었던 개성은 북한 땅으로, 북한 땅이었던 철원, 화천, 인제, 고성의 일부가 남한의 영토가 되었다.

전쟁이 끝난 이후 전 세계는 자본주의 진영의 미국과 공산주의 진영의 소련·중국이 대립하는 동서 냉전 시대를 맞았다. 이러한 냉전 구도는 1970년대 미국과 중국이 외교 관계를 맺을 때까지 계속되었다. 미국과 중국의 화해로 냉전 구도가 약해진 이후에도 남북으로 분단된 한반도에서는 여전히 냉전 구도가 이어지고 있다.

한국전쟁 중 전 국토가 파괴되고 수많은 인명 피해를 당한 우리와 달리 전쟁의 열매를 따먹은 나라도 있다. 미국은 유엔 국가 중 가장 많은 군인을 파견해 수많은 전사자를 내는 희생을 치르기는 했지만 새로 개발한 무기를 원 없이 사용함으로써, 엄청난 경제 발전을 이루었다.

미국보다 더 많은 이익을 본 나라는 일본이었다. 일본에게 한국전쟁은 그야말로 구세주나 다름없었다. 일본은 미국에 원자 폭탄 두 방을 맞고 패망한 이후 경제적 위기를 겪었다. 그러다가 한국에서 전쟁이 일어나는 바람에 기적처럼 부활했다. 유엔군 사령부가 한국전쟁에 쓰이는 물자를 거의 다 일본에서 가져다 썼기 때문이다. 일본은 한국전쟁에서 번 돈을 무너진 경제를 다시 일으켜 세우는 데 사용했다. 이를 바탕으로 일본은 세계적인 경제 대국으로 성장했다.

종전 이후 북한은 김일성 주도하에 전후 복구 사업을 실시하는 한편 1인 독재 체제를 확립해 나갔다. 그 결과 그의 아들 김정일과 손자 김정은에 이르기까지 3대가 권력을 세습하는 독특한 독재 체제를 이어오고 있다.

　　남한에선 이승만 정부가 전쟁이 끝나고도 그대로 유지되었다. 이승만 정부는 미국의 원조를 받아 전후 복구 사업을 실시했다. 하지만 1960년 3·15 부정 선거를 통해 독재 정권을 유지하려다 4·19 혁명으로 무너졌다. 그 뒤 5·16 군사 쿠데타를 일으킨 박정희의 군사 정권이 탄생했다. 박정희는 18년 동안 장기 집권하며 민주화를 억압하기도 했지만 가난한 대한민국의 경제 발전을 이끌기도 했다. 군사 정부는 박정희에 이어 전두환, 노태우까지 이어졌다.

　　군사 정권 아래서 국민들은 줄기차게 민주화를 이루기 위해 노력했다. 그 결과 대통령을 국민들이 직접 선거로 뽑는 정도의 민주화를 이루게 되었다. 21세기 현재 대한민국은, 완성되지 않은 민주주의를 완성시켜야 하는 과제와 분단을 극복하고 통일을 이뤄야 하는 숙제를 동시에 안고 있다.

# 베트남 전쟁
### 지구촌 최강 미군 물리치고 통일

미국에게 베트남 전쟁은 패배와 좌절을 의미한다. 세계 경찰을 자처하는 미국은 베트남 군대와 민중들의 강력한 항전에 밀려 소득 없이 집으로 돌아가야 했다. 20여 년 전 벌어진 한국전쟁에서 북한군과 휴전 협정을 맺어 겨우 체면을 유지한 미국으로선 무척 자존심이 상하는 일이었다. 한마디로 악몽이었다.

반면 베트남은 비록 전쟁으로 많은 것을 잃었지만 세계 최고 군사 강국인 미국과 싸워 이겼다는 자부심을 갖게 되었다. 도대체 어떻게 이런 일이 가능했을까? 동남아시아의 농업 후진국이었던 베트남이 어떻게 세계 최고 군사 경제 대국인 미국을 상대로 승리를 거둘 수 있었을까?

미국이 베트남에 발을 들여놓기 전 베트남을 식민 통치한 나라는 프랑스였다. 프랑스 대통령 드골은 베트남 독립 전쟁에 패한 뒤 베트남에 관심을 보이는 미국 대통령 케네디에게 이렇게 충고

했다.

"이보게 친구. 베트남에 발을 들여놓는 것에 대해 신중하게 생각하길 바라네. 그곳에 한번 발을 잘못 들여놓으면 깊은 수렁에 빠질 것이네. 아무리 많은 돈과 무기를 쏟아 부어도 소용없다네."

하지만 케네디는 드골의 충고를 철저하게 무시하고 베트남에 군대를 파견했다. 이유가 있었다. 미국은 베트남이 공산화되는 것을 눈 뜨고 볼 수만은 없었기 때문이었다. 베트남이 공산화되면 자본주의 시장 하나를 잃는 것뿐만 아니라 그 여파가 동남아시아의 이웃 나라로 번져 주변국이 공산화될 지도 모른다고 우려했다. 게다가 베트남은 고무와 커피와 면화 등 농산물이 풍부하고 주석과 텅스텐 같은 지하자원도 풍부해 미국에겐 상당히 매력적인 곳이었다.

베트남은 1883년 프랑스의 식민지가 되었다. 제2차 세계대전 중이던 1940년대에는 일본이 베트남을 점령했다. 이후 베트남 해방 전사들이 일본군을 몰아냈지만 전쟁이 끝나자 예전에 베트남에서 밀려났던 프랑스가 다시 베트남을 점령했다. 그래서 베트남은 1946년 프랑스를 몰아내기 위해 전쟁을 벌였는데, 1954년 마침내 프랑스를 집으로 돌려보냈다.

그러나 서구 열강은 베트남을 가만 놔두지 않았다. 해방 이후 한반도를 분할 통치하려 했던 것처럼 베트남을 남북으로 갈라놓고, 북쪽에만 독립을 허용한 채 남쪽은 미국의 지원을 받는 정권을 세웠다. 남과 북으로 갈라져 전쟁을 겪은 한반도처럼 베트남 역시 통일을 이루기 위한 움직임이 일어났다.

## 🐎 남과 북으로 갈라진 베트남, 전쟁을 시작하다

북베트남은 베트남 독립 영웅 호치민이 이끌고 있었다. 그는 분단된 베트남을 통일 국가로 만들고 싶었지만 아직 그럴 만한 힘이 없었다. 흔히 월남으로 불리는 남베트남은 친미 성향의 고딘디엠 정권이 들어섰다. 고딘디엠은 통일을 바라는 민중들을 탄압하며 정권을 유지하는데 급급했다. 그러자 남베트남에서 통일을 위해 싸우던 무장 세력이 1960년 베트콩으로 불리는 베트남 민족 해방 전선을 결성하고 농촌 지역으로 들어가 본격적인 활동을 시작했다. 이때 북베트남 호치민 정권은 호치민 루트를 만들어 베트콩 지원에 나섰다.

**호치민 루트**
산악이나 정글 지대에 작은 길을 만들어 베트콩을 지원하던 통로

미국은 남베트남 정권을 군사, 경제적으로 지원하면서 남베트남이 하루빨리 친미 성향의 정권으로 자리 잡기를 바랐다. 하지만 남베트남의 고딘디엠 정권은 감독의 전략을 이해하지 못하는 선수처럼 무능했다. 그는 부정부패가 심했고 민중들을 무자비하게 탄압했다. 그러다가 결국 1963년 암살당했다. 그해 미국의 케

네디도 미국에서 암살을 당했다.

케네디의 바통을 이어받은 존슨 대통령은 한술 더 떴다. 그는 베트남에 친미 정권이 제때 들어설 수 없다고 판단하고 베트콩을 없애기 위해 본격적인 군사 작전을 개시하기로 마음먹었다. 그런데 한 가지 문제가 있었다. 존슨은 북쪽 호치민 정권을 제거하지 않고는 남쪽에서 게릴라 활동을 벌이는 베트콩을 완전히 제압하기 어렵다고 판단했다. 왜냐하면 호치민 정권이 남쪽의 게릴라 활동을 지원하고 있다고 생각했기 때문이다. 그래서 북베트남 정권을 붕괴시키는 것이 유일하고도 확실한 해결책이라고 생각했다. 미국은 어떻게 해서든 북베트남을

:: 고딘디엠

:: 호치민

공격하려고 했으나 명분이 없었다. 그래서 명분을 만들었다. 그것은 소위 통킹 만 사건으로 불리는 침략 유발 사건이었다.

:: 베트남 전쟁에 참전한 미군

## 미국, 통킹 만 사건을 계기로 폭격 개시

1964년 8월 미국의 구축함 매덕스 호가 북베트남 통킹 만에서 북베트남 잠수함의 공격을 받은 사건이 발생했다. 미국 대통령은 미국 함대가 먼저 공격을 받았다며 전면 공격에 나서야 한다고 주장했다. 미국 의회는 압도적인 지지로 대통령의 손을 들어 주었다.

미국은 통킹 만 사건을 구실로 북베트남에 대한 전면전을 시작했다. 이제 전쟁은 미군과 남베트남군이 한패가 되고, 북베트남군

## 통킹 만 사건의 진실

미국은 소위 통킹 만 사건을 계기로 대대적인 북베트남 폭격을 개시함과 동시에 베트남에 대대적인 군사 개입을 단행했다. 우리나라도 통킹 만 사건 이후 공산주의로부터 자유세계를 수호한다는 명분으로 베트남에 군대를 파견했다. 그러나 통킹 만 사건은 미군에 의해 조작된 사건이라는 주장이 제기됐다. 미국 존슨 대통령이 통킹 만 사건 몇 주 전에 이미 의회 결의안 초안을 만들어 놨다는 사실이 밝혀졌다. 어쨌거나 통킹 만 사건을 구실로 미군은 베트남 정글 깊숙이 들어갔고 10년 만에 패전국이 되어 베트남을 떠나야 했다. 30여 만 군인을 파병한 한국도 5000여 명의 전사자를 내고 철수했다.

과 남쪽에 있는 베트콩이 짝을 이뤄 싸우는 모습이 되었다. 미군은 북베트남 도시와 농촌을 무자비하게 폭격했다. 프랑스와 전쟁을 끝내고 겨우 한숨 돌리던 북베트남은 앞이 캄캄했다. 미군의 폭격으로 북베트남에 있는 새로 지은 공장과 농촌이 쑥대밭이 되었다.

미군은 남베트남 정글에도 맹폭을 가했다. 그곳에 베트콩 게릴라들이 숨어 있었기 때문이다. 한번 터지면 섭씨 3000℃ 열을 내뿜어 불바다로 만들어 버리는 네이팜 폭탄을 퍼붓고, 나뭇잎을 말려 죽이는 고엽제를 뿌려 남쪽 정글을 말려 버렸다. 이 과정에서 죄 없는 민간이 희생자가 속출했다. 1966년 한 해에만 남베트남 국민 약 10여 만 명이 죽었다고 하니, 미군의 폭격이 얼마나 대단했는지 알 수 있다.

미군은 한국전쟁 때처럼 무승부로 경기를 끝내고 싶지 않았다. 유럽 여러 나라들은 베트남 전쟁에 명분이 없다며 참전하지 않았지만 미군은 개의치 않았다. 그나마 우리나라가 군대를 파견해 도와준 것이 미군으로선 다행한 일이었다.

미군은 어느 전쟁 때보다 무자비한 폭격을 가했음에도 승기를 잡지 못했다. 베트콩들은 베트남 정글에 숨어 활동하며 미군을 괴롭혔다. 베트남 민중들은 그런 베트콩에게 많은 지지를 보내 주었다. 미군은 정글에서, 농촌 마을에서 자신에게 적대적인 베트남 국민들을 상대해야만 했다.

베트남 전쟁은 1968년 벌어진 구정 대공세를 계기로 북베트남에 유리하게 돌아갔다. 1968년 1월 30일. 그날은 베트남의 최대 명절인 구정이었다. 설날에는 보통 휴전을 하는데 북베트남군과 베트콩은 이날 새벽 남베트남의 36개 도시를 기습 공격했다. 이 기습 공격을 구정 대공세라 부른다.

**사이공**
호치민시의 옛 이름으로 베트남 전쟁 당시 남베트남의 수도

베트콩은 구정 대공세로 한때 사이공을 점령했다. 미군과 남베트남군의 반격으로 북베트남군이 손실을 입고 물러나긴 했지만 구정 대공세 이후 상황은 역전됐다. 이후 미국에서 전쟁을 반대하는 여론이 들끓기 시작했다. 미국 국민들은 반전 시위를 벌였

:: 베트남 전쟁에서 학살당한 민간인

:: 베트남 전쟁에 참전한 대한민국 군대

:: 베트남 전쟁 반대 시위

고, 정치인들도 승리에 회의를 품기 시작했으며, 세계의 많은 사람들도 베트남 내전에 미국이 개입하는 게 도덕적으로 타당한 것인지에 대해 의문을 제기했다. 미국의 젊은이들은 베트남 전장으로 끌려가는 것을 거부했다. 존슨은 그해 대통령 선거에 나서지 않았다. 분위기로 보아 재선이 불가능하다고 판단했기 때문이다.

미국 대통령 선거 결과 베트남 전쟁 종결을 선거 공약으로 내세운 닉슨이 당선됐다. 닉슨이 대통령이 되고 나서 정말로 1969년 5월부터 베트남에서 미군이 철수하기 시작했다.

## 🏇 1976년 통일 베트남 탄생

1968년부터 시작된 평화 협정은
1973년 1월 파리에서 미국, 남베트남,
북베트남, 베트콩 4자가 참여한 가운데
평화 협정을 맺음으로써 끝이 났다. 협
정의 주요 내용은 미군이 완전 철수한
다는 것과 남베트남과 베트콩이 이끄
는 임시 혁명 정부가 협의하여 정부군
을 구성한다는 것이었다.

:: 베트남 고엽제 피해자

평화 협정 체결 후 미국은 8000여 명의 군사 고문단만 남기고
모든 미군을 철수시켰다. 이것으로 베트남 전쟁이 끝난 것일까? 그
렇지는 않았다. 베트남에 아직 풀지 못한 숙제가 남아 있었는데,
그것은 바로 남과 북으로 갈라진 베트남을 통일하는 것이었다.

미군이 물러나자 미군의 무기와 장비를 지원받은 남베트남 정
부는 베트콩을 공격하기 시작했다. 그러자 북베트남군과 베트콩
은 1975년 3월부터 총공세를 전개해 사이공을 점령했다. 남베트
남은 결국 4월에 항복을 하고, 다음해 남과 북은 베트남 사회주
의 공화국으로 통일이 됐다.

베트남 전쟁은 미국에게 악몽이었다. 제2차 세계대전 때 사용

:: 미군을 격려하는 닉슨 대통령

한 것보다 더 많은 양의 폭탄을 투하하고도 베트남에 패했기 때문이다. 그것은 단순한 패배가 아니었다. 미국 역사상 다른 나라와 싸워 맛본 최초의 패배였다.

북베트남군과 베트콩은 스스로의 힘으로 외국 군대를, 그것도 세계 최강국인 미국을 이기고 통일 정부를 수립한 데 대해 큰 자부심을 갖게 되었다.

## 베트남 독립 전쟁 영웅 호치민

베트남 전쟁 당시 호치민은 일흔을 넘긴 나이였다. 그는 교사였던 아버지의 영향으로 프랑스 식민지였던 젊은 시절부터 민족주의 사상을 품게 되었다. 베트남 독립 운동을 벌이던 그는 프랑스 파리에서 사회주의자들과 교류하며 베트남 독립을 위해 노력했다. 고국 베트남으로 돌아온 그는 북베트남에서 독립 전쟁을 벌여 프랑스 군대를 몰아냈다. 이후 미국과 싸우던 베트남 전쟁을 이끌던 그는 통일된 베트남을 보지 못한 채 1969년 일흔아홉의 나이로 세상을 떠났다. 베트남이 통일된 뒤 남베트남의 수도이자 베트남에서 가장 큰 도시였던 사이공은 호치민시로 이름이 바뀌었다. 오늘날 호치민은 베트남의 독립 영웅이자 건국 아버지로 추앙받고 있다.

# 미국을 물리친 유일한 나라 베트남

베트남은 우리나라와 공통점이 많다. 중국의 영향을 받은 한자 문화권이고, 오랫동안 식민 지배를 받은 슬픈 역사를 가지고 있다. 또한, 식민 지배에서 해방된 후 외세에 의해 국토가 남 북으로 분단되었고, 통일을 이루기 위해 남과 북이 전쟁을 벌여 100만 명 이상의 희생자를 낳 은 것도 비슷하다. 다른 점이 있다면 베트남은 베트남 전쟁 뒤 통일을 이뤄 냈고, 우리는 아직 도 분단 상태라는 것.

박정희 정부는 이렇게 아픔과 슬픔을 공유하고 있는 아시아 국가 베트남에 무엇 때문에 군 대를 파견했을까? 여러 가지 이유가 있다. 미국의 파병 요청을 거부할 수 없었고, 우리 군인들이 전쟁을 하며 벌어들인 돈으로 경제 개발을 추진해야 했으며, 동아시아 국가가 공산화되는 걸 막겠다는 생각도 있었다.

베트남 전쟁에 파견된 한국군은 1968년 이른바 구정 대공세 이후 베트콩 수색 작전을 벌이 는 과정에서 수많은 베트남 양민을 죽였다. 베트남 정부는 전쟁 기간 동안 한국군으로부터 피 해를 당한 베트남 민간인이 5000여 명에 이른다고 추산하고 있다. 물론 한국군은 그 엄청난 숫자를 인정하지 않고 있으며, 적은 희생은 베트콩, 즉 베트남 공산군과 전투를 치르는 과정에 서 일어난 불가피한 희생이었다고 주장하고 있다. 그럼에도 한국 정부는 김대중 노무현 정부 때 베트남 민간인이 한국군에 의해 희생된 점에 대해 사과했다.

베트남 전쟁이 끝나고 난 뒤 베트남은 중국과 국경 분쟁을 겪어 다시 한 번 전쟁을 치러야 했다(1979년 중국 베트남 전쟁). 현재는 중국과 평화 협정을 맺은 상태지만 남중국 해를 둘러싼 중국과의 분쟁 불씨는 완전히 꺼진 상태가 아니다.

베트남은 1986년 '도이 머이'(쇄신)란 뜻의 신조어를 선언하고 적극적인 개방 개혁 정책을 추진하기 시작했다. 그러나 명목상 국가 형태는 여전히 중국과 같은 사회주의 체제를 유지하고 있다. 우리나라와는 1992년 수교했고, 전쟁 상대였던 미국과는 종전 20년 만인 1995년 국교를 정상화했다.

:: 오늘날의 베트남

# 중동 전쟁
끝나지 않는 이스라엘과 아랍의 싸움

2014년 4월 이스라엘과 미국은 중거리 미사일 방어 시스템을 완성했다고 발표했다. 중거리 미사일 방어 시스템이란 날아오는 미사일을 공중에서 요격하는 방어 무기 시스템이다. 이 시스템을 개발한 이유는 물론 이스라엘 주변 아랍 국가들의 공격으로부터 이스라엘을 방어하기 위한 것이었다.

재미있는 것은 이 미사일 방어 시스템 명칭이 '다윗의 물맷돌'이라는 사실이다. 다윗은 누구고, 물맷돌은 무엇인가. 기독교인이 아니더라도 다윗과 골리앗의 싸움에 관해 모르는 사람은 드물 것이다. 다윗은 3000여 년 전 예루살렘에 이스라엘 왕국을 건설한 유대 왕이고, 물맷돌은 그가 '중2' 정도 되는 나이 때 적군 대장 골리앗을 쓰러뜨렸던 휴대용 짱돌 발사 무기다.

양치기 소년 다윗은 이스라엘과 블레셋 군대가 싸우고 있는 전장으로 심부름을 간다. 애초에 싸움은 전력 면에서 비교가 안 된다. 블레셋 군대는 최신식 청동 무기로 무장했으며, 병력 규모도 이스라엘군보다 훨씬 많았다. 더 놀라운 건 블레셋 군대에 키가 3m나 되는 장수 골리앗이 있었다는 사실! 골리앗은 이스라엘 병사들 앞에 나와 대 놓고 이스라엘이 받드는 하느님을 능멸하는 발언으로 이스라엘 군대에 모욕감을 안겨 주었다. 그러나 그런 모욕을 당하면서도 이스라엘 병사들은 누구 하나 나서서 대적할 엄두를 내지 못하고 있었다. 왜? 골리앗 때문에.

그때 그곳으로 심부름을 갔던 다윗이 나선다. 하룻강아지 범 무서운 줄 모른다는 말이 딱 어울리는 상황. 그러나 철없는 하룻강아지는 용감하게 호랑이를 향해 돌팔매를 날린다. 날아간 돌은 골리앗의 이마에 정확히 명중된다. 골리앗이 쓰러지자 다윗은 잽싸게 3m짜리 거인에 올라타 칼로 골리앗의 목을 찌른다. 이것으로 전세는 역전되고 다윗은 유대 민족의 영웅이 된다. 오늘날 다윗과 골리앗의 싸움은 도저히 상대할 수 없을 것 같은 강적을 용감하게 싸워 이긴 승리를 상징하는 용어로 쓰인다.

구약 성경에 나오는 다윗과 골리앗 이야기에서 골리앗이 속한 블레셋이라는 나라가 오늘날의 아랍 민족인 팔레스타인이며 다윗의 유대가 바로 이스라엘이다. 2014년 이스라엘이 미사일 방어 시스템에 다윗의 물맷돌이라는 이름을 붙인 건 이러한 역사적 연원 때문이다.

## 🐎 뒤바뀐 다윗과 골리앗

3000년 전 유대인 다윗과 블레셋 사람 골리앗이 싸운 것처럼, 오늘날에도 이스라엘과 팔레스타인 사람들의 싸움은 그치지 않고 있다. 전쟁의 원인은 민족, 영토, 종교, 경제 문제 등이 얽혀 있어 3000년 전이나 지금이나 대단히 복잡하고 단단하지만, 달라진 건 서로의 위치다. 3000년 전에는 블레셋, 즉 팔레스타인이 훨씬 우세했지만 오늘날에는 이스라엘이 외려 골리앗처럼 강하다.

이스라엘과 팔레스타인의 오래되고 복잡한 싸움의 시작을 거슬러 올라가다 보면 모세가 이집트에서 노예 생활을 하던 유대 민족히브리인을 이끌고 가나안이라 불리는 팔레스타인 지방에 정착한 이야기부터, 다윗과 골리앗의 싸움 이야기, 그리고 앗시리아와 바빌로니아에 정복당한 이야기까지 해야 하지만, 거기까지 가다 보면 너무 오래되고 복잡해 숨 가쁠 지경이 된다.

따라서 오늘날 지구촌 최대 분쟁 지역인 이스라엘과 팔레스타인 분쟁을 명료하게 이해하기 위해서는 로마의 정복 시대와 그로부터 2000년이 지난 1948년을 주목해야 한다.

기원전과 서기의 경계를 가르는 예수. 예수가 이스라엘에서 십자가에 못 박혀 죽은 뒤 로마 통치 하의 이스라엘 땅에서 유대인들이 폭동을 일으킨다. 로마 제국은 유대인 폭동을 무력으로 진

:: 이스라엘을 방문한 벨푸어 영국 총리

압한다. 그러고 나서 이스라엘 땅에 살던 모든 유대인을 그곳으로부터 추방한다. 이때부터 유대인은 2000여 년 동안 떠돌이 신세가 되어 지구촌 곳곳에 뿔뿔이 흩어져 살게 된다.

나라 없는 민족의 설움을 우리도 모르지 않는다. 일제 강점기 36년 동안 우리는 나라 없는 고통을 겪었다. 그러나 2000년 동안 나라 없이 떠돌며 냉대받고 살아 온 유대인의 고통을 온전히 이해할 수는 없을 것이다. 유대 민족은 그렇게 2000년을 살아가면서도 자신들은 하느님이 택한 백성이며 언젠가 자신들의 나라인 이스라엘로 돌아갈 희망을 버리지 않았다. 그리고 그 꿈은 제1차 세계대

:: 제2차 세계대전 때 학살당한 유대인

전이 벌어지고 있던 20세기 초에 현실로 다가온다. 제1차 세계대전 중 영국은 유대인들에게 예루살렘으로 돌아가 나라를 세울 수 있게 해 준다고 약속한다. 그러면서 이미 그곳에서 2000년 넘게 살고 있던 팔레스타인 사람에게도 비슷한 약속을 한다. 이러한 영국의 이중 플레이는 오늘날까지 이스라엘과 팔레스타인 분쟁의 불씨가 된다.

유대인들은 영국의 지원 아래 삼삼오오 팔레스타인이스라엘 전체와 주변을 포함하는 지역 지역으로 들어간다. 제2차 세계대전 때는 히틀러에게 600만 명의 유대인이 죽임을 당하자 유럽에 흩어져 살던 유대인들이 속속 팔레스타인 지역으로 몰려간다. 그러자 그곳에서 2000년 넘게 터를 잡고 살아가던 팔레스타인 사람들은 당황스러워 했다. 껄끄러운 유대 민족 사람과 이웃하고 살라니 불만이 많았던 것이다. 그런 불만이 때론 두 민족 간에 충돌로 나타났다. 유엔은 결국 예루살렘을 동서로 나누어 서예루살렘에는 유대인이 살게 해 주고 동예루살렘에는 팔레스타인 사람들이 살도록 교통정리를 해 주었다. 이 조치에 대해 유대인들은 적극 환영했지만 팔레스타인 사람들은 강력하게 반발했다.

## 이스라엘 건국과 함께 중동 전쟁 시작

유대인과 팔레스타인의 충돌은 1948년 5월 14일 유대인들이 자신들의 나라인 이스라엘을 건국하면서 시작됐다. 이스라엘이 건국을 선포하자 주변의 아랍 국들은 축하 메시지 대신 선전 포고를 날렸다. 이로써 다윗의 자손인 유대인과 골리앗의 후예인 팔레스타인 민족의 대결, 유대교와 무슬림의 대결, 유대교와 무

:: 이스라엘의 건국을 보도하는 신문 기사

:: 제1차 중동 전쟁

슬림의 공동 성지인 예루살렘을 차지하기 위한 그들의 싸움이 본격적으로 시작되었다.

이스라엘과 아랍 국가의 싸움은 이스라엘 건국 해인 1948년부터 1973년까지 모두 네 차례 벌어졌는데, 이 네 차례의 충돌을 중동 전쟁이라 부른다. 크게 보면 중동 전쟁은 2000년 동안 지구촌을 떠돌던 유대인들이 팔레스타인 지역에 들어오면서부터 시작됐지만, 네 차례의 전쟁에는 각각 다른 원인이 있다.

1948년 5월 16일 시작된 제1차 중동 전쟁은 이스라엘 건국이 직접적인 원인이 됐다. 이스라엘이 건국을 선포하자 주변의 맹수인 아랍 5개국, 즉 이집트, 시리아, 요르단, 레바논, 이라크는 즉각

:: 제2차 중동 전쟁

전쟁을 선포하고 이스라엘을 공격했다. 아랍 연맹국의 공격을 힘겹게 방어하던 이스라엘은 이스라엘의 최대 우방국인 미국의 지원을 받아 예상을 깨고 승리했다.

제1차 중동 전쟁 승리로 이스라엘은 비록 많은 병사들을 잃었지만 그보다 더 큰 것을 얻었다. 영토를 두 배로 늘렸고, 이스라엘에 살던 팔레스타인 사람 수십만 명을 추방했다. 그래서 이스라엘의 승리로 끝난 제1차 중동 전쟁을 이스라엘 독립 전쟁이라 부른다.

제1차 중동 전쟁이 끝난 지 8년 뒤인 1956년 아랍 연맹국과 이스라엘은 다시 한 번 전쟁을 벌인다. 계기는 이집트의 수에즈 운

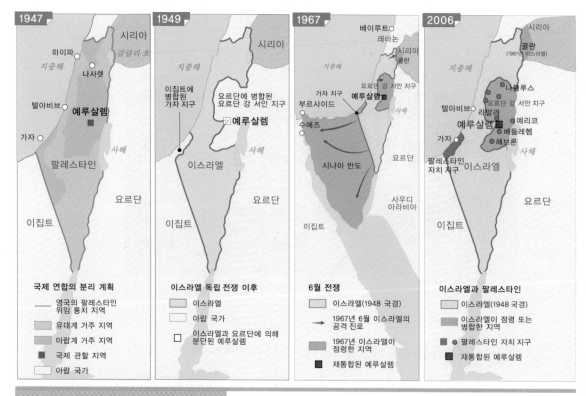

**국제 연합의 분리 계획**

— 영국의 팔레스타인 위임 통치 지역
  유대계 거주 지역
  아랍계 거주 지역
■ 국제 관할 지역
  아랍 국가

**이스라엘 독립 전쟁 이후**

  이스라엘
  아랍 국가
□ 이스라엘과 요르단에 의해 분단된 예루살렘

**6월 전쟁**

  이스라엘(1948 국경)
→ 1967년 6월 이스라엘의 공격 진로
  1967년 이스라엘이 점령한 지역
■ 재통합된 예루살렘

**이스라엘과 팔레스타인**

  이스라엘(1948 국경)
  이스라엘이 점령 또는 병합한 지역
■ 팔레스타인 자치 지구
■ 재통합된 예루살렘

## 이스라엘과 팔레스타인의 영토 변화

하 문제였다. 1952년 쿠데타를 일으켜 집권한 이집트의 나세르는 소련과 친선 관계를 유지하며 1차전 패배를 설욕할 기회를 엿보고 있었다. 그러던 중 나세르는 돌연 수에즈 운하를 국유화한다고 선언한 뒤 그곳을 점령했다. 그러자 지중해 건너에 있는 영국과 프랑스가 즉각 반발하고 나섰다. 수에즈 운하는 홍해에서 지중해를 연결하는 유럽과 아시아의 최단거리 항로였기에 그곳이 봉쇄되면 영국과 프랑스 경제에 타격이 심해질 게 뻔했기 때문이었다.

## 제2차 중동 전쟁의 발단이 된 수에즈 운하

지중해와 홍해 사이를 잇은 운하다. 이집트 주재 프랑스 공사가 이집트를 설득해 공사를 시작한 지 16년 만인 1896년 개통됐다. 총 길이는 192킬로미터로 서울에서 대전까지의 거리보다 조금 더 길다. 현재 이집트에서 관리하고 있으나 주권을 미치지는 못한다. 수에즈 운하 건설은 3000여 년 전 고대 이집트에서 이미 시도했었다. 완성을 본 건 이집트를 정복한 페르시아의 다리우스 왕 때. 이후 진흙이 덮쳐 운하가 막혔고, 고대 그리스와 로마, 이슬람 시대에도 간간이 개통되긴 했지만 긴 시간 막혀 있었다. 1896년 개통 이래 유럽으로 향하는 석유의 3분의 2가 이 운하를 이용했다. 이런 이유로 1956년 이집트가 운하를 국유화하자 영국과 프랑스가 즉각 군대를 파견한 것.

영국과 프랑스 폭격기가 수에즈 운하 상공으로 출격하자 이스라엘도 두 나라와 동맹을 맺고 전쟁에 뛰어들었다. 영국과 프랑스가 이집트 영토인 시나이 반도를 침공하자 이집트와 주변 아랍국들이 연합 전선을 형성해 반격에 나섰다. 팔레스타인 지역이 전쟁에 휩싸이자 당황한 건 미국과 소련이었다. 미국과 소련은 각각 이스라엘과 이집트를 지원하고 있었는데, 전쟁이 계속되면 제3차 세계대전으로 확대될 것을 염려했다. 그래서 양쪽에 전쟁을 끝내

:: 가자 지구 공습

라고 압력을 가했다. 영국, 프랑스, 이스라엘 3국 군대가 이집트 영토에서 철수하면서 두 번째 중동 전쟁이 끝이 났다. 이번에도 이스라엘의 승리였다. 수에즈 운하 문제로 촉발된 두 번째 전쟁을 수에즈 위기라고 부른다.

팔레스타인 지방에 다시 한 번 전쟁의 불길이 솟아오르기 시작한 건 제2차 중동 전쟁이 끝나고 11년이 지난 1967년이었다. 이번엔 왜 또 전쟁이 벌어진 것일까?

제2차 중동 전쟁이 끝난 뒤 팔레스타인 사람들은 무장 단체를 조직해 게릴라 활동을 시작했다. 이스라엘은 작은 영토를 차지하고 있을 뿐이지만 미국의 지원 등으로 그 힘은 이미 골리앗 수준이 되어 버렸다. 그에 대한 대항으로 팔레스타인 사람들이 게릴라 작전을 펼치기 시작한 것이다. 팔레스타인 출신의 무장 단체가 이스라엘을 공격하자 이스라엘은 게릴라의 거점인 시리아를 폭격했다. 이에 아랍국의 맹주였던 이집트의 나세르는 아랍국의 결속을 강화하고, 제2차 중동 전쟁의 패배를 설욕하기 위해 이스라엘과 전쟁을 시작했다.

1967년 6월 5일. 이집트군이 시나이 반도를 향해 밀고 들어가고, 시리아도 남으로 밀고 내려와 골란 고원을 점령했다. 그러나 이번에도 이스라엘은 개전 초기의 패배를 역전시킬 효과적인 작전을 들고 나왔다. 그것은 미국의 지원을 받은 대대적인 공습. 기지를 출동한 이스라엘 공군 폭격기는 이집트 공군 기지를 맹폭했다. 이 공습으로 이집트 전투기 300여 대가 파괴됐다. 이스라엘 공군은 이어 시리아와 요르단과 이라크 공군 기지를 차례로 공습해 400대가 넘는 전투기를 파괴시켰다. 이로써 아랍 동맹국의 공군은 전멸하다시피 했다.

6일 전쟁이라고도 불리는 제3차 중동 전쟁도 이스라엘의 완벽한 승리였다. 이 전쟁 뒤 이스라엘과 아랍국의 군사력은 역전됐고, 이스라엘은 동예루살렘이 포함된 요르단 강 서안 지구와 이집트 영토였던 시나이 반도를 획득했다. 이스라엘에게 무엇보다 큰 제3차 중동 전쟁의 성과는 동예루살렘을 점령한 것이었다. 동예루살렘은 유대교와 기독교와 이슬람교 공통의 성지로 이스라엘이 가장 욕심을 냈던 지역이다. 동예루살렘을 점령한 이스라엘은 그곳에 살던 팔레스타인 사람을 몰아내고 이스라엘 정착촌을 건설하기 시작했다. 정착촌 건설은 지금까지 계속돼 이스라엘-팔레스타인 분쟁의 불씨 역할을 하고 있다.

## 이스라엘 팔레스타인 분쟁의 불씨, 동예루살렘

동예루살렘은 현재 국제법상으로 이스라엘의 영토가 아니다. 그 지역은 원래 팔레스타인 사람이 살던 곳이었다. 그런데 제3차 중동 전쟁에 승리한 이스라엘이 그곳을 점령한 이후로 팔레스타인 사람을 몰아내고 유대인 정착촌을 건설해 물의를 빚고 있다. 동예루살렘은 유대교와 이슬람교의 공동의 성지로 두 세력이 결코 포기할 수 없는 지역이다. 2010년 이스라엘 총리는 "3000년 전 다윗이 예루살렘 도시를 건설했고, 지금도 건설 중에 있다."며 "예루살렘은 그 누구와도 나눠 가질 수 없는 유대인의 영원한 수도이다."라고 주장했다. 이에 대해 팔레스타인 자치 정부도 동예루살렘에 자신들의 수도를 건설하겠다며 맞불을 놓았다.

 ## 제4차 중동 전쟁, 이스라엘 팔레스타인 분쟁의 끝?

엿새 동안 벌어졌다 하여 6일 전쟁으로 불리는 제3차 중동 전쟁이 끝난 지 6년 만인 1973년. 네 번째 중동 전쟁이 발발했다.

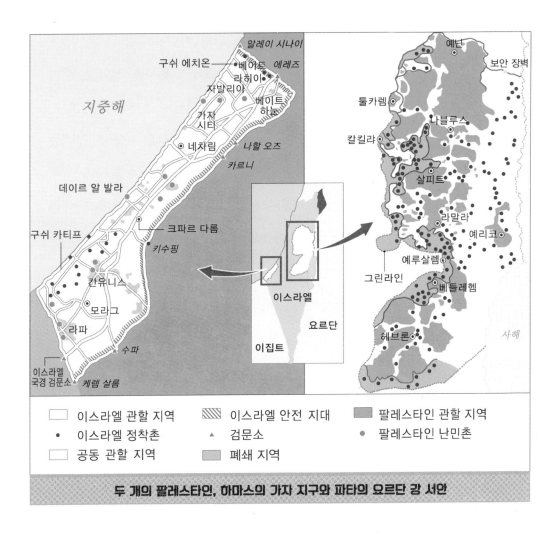

지중해

알레이 시나이
구쉬 에치온
베아돗 에레즈
라히아
자발리야
베이트 하눈
가자 시티
네차림
나할 오즈
카르니
데이르 알 발라
크파르 다롬
구쉬 카티프
키수핑
칸유니스
모라그
라파
수파
이스라엘 국경 검문소
케렘 살롬

이스라엘
요르단
이집트

예닌
보안 장벽
툴카렘
나블루스
칼킬랴
살피트
라말라
예리코
예루살렘
그린라인
베들레헴
헤브론
사해

이스라엘 관할 지역    이스라엘 안전 지대    팔레스타인 관할 지역
• 이스라엘 정착촌    ▲ 검문소    • 팔레스타인 난민촌
공동 관할 지역    폐쇄 지역

**두 개의 팔레스타인, 하마스의 가자 지구와 파타의 요르단 강 서안**

이번엔 또 무슨 이유로 이스라엘과 아랍국이 전쟁을 벌인 걸까?

이집트는 거듭된 패배에 자존심이 몹시 상했다. 그래서 시리아
와 손잡고 또 다시 이스라엘을 침공하기로 결정했다. 1973년 10
월 6일. 그날은 이스라엘의 종교 축제일인 속죄의 날이었다. 유대

인들 모두 자신의 죄를 사함 받기 위해 기도를 올리고 하느님께 예배를 드리는 그날, 이집트 군대는 수에즈 운하를 건너고, 시리아 군대는 골란 고원으로 진격해 들어갔다.

단단히 벼르고 시작한 전쟁이어서인지 몰라도 이집트 군대는 개전 48시간 만에 시나이 반도를 점령했다. 이스라엘 군대는 궤멸 직전에 이르렀고, 이집트와 시리아의 승리가 코앞에 다다른 듯했다. 그러나 이번에도 이스라엘은 무너지지 않았다. 미국의 지원을 받은 이스라엘 군은 대대적인 반격에 나서 이집트와 시리아에 내주었던, 그러나 원래 이집트와 시리아 영토였던 시나이 반도와 골란 고원을 되찾았다.

속죄일 전쟁으로 불리는 제4차 중동 전쟁에서도 이스라엘은 극적으로 승리해 또 다시 영토를 크게 늘렸다. 이스라엘은 1948년 건국과 동시에 시작한 중동 전쟁에서 모두 승리해 전쟁이 끝난 1973년에는 영토가 무려 다섯 배로 늘어났다.

네 차례의 중동 전쟁이 모두 끝나자 이집트와 이스라엘은 미국의 중재로 평화 협정을 체결했다. 평화 협정에 따라 이스라엘은 원래의 이집트 영토였던 시나이 반도에서 철수했다. 이로써 중동 전쟁의 불씨는 모두 사그라진 걸까? 그렇지는 않았다.

이집트와 이스라엘의 평화 협정에도 불구하고 아랍의 무장 단체들은 이스라엘에 대한 저항을 포기하지 않고 있다. 그들은 '이스

:: 미국 백악관 앞에서 벌어진 이스라엘의 팔레스타인 공격에 대한 규탄 시위

라엘에 점령당한 모든 팔레스타인의 해방'을 목표로 오늘날까지도 이스라엘을 겨냥한 미사일의 발사 각도를 변경하고 있지 않다. 이런 이유로 이스라엘과 팔레스타인 전쟁은 수십 년 째 지속돼 왔고, 앞으로도 지속될 것이다.

# 끝나지 않는 이스라엘과
# 팔레스타인 전쟁

이스라엘은 3000년 전 다윗이 세운 유대 왕국의 영광을 재현하고 싶어 한다. 그래서 팔레스타인 지방으로 들어왔고, 그 때문에 수천 년 동안 그곳에서 살고 있던 팔레스타인 사람들이 삶의 터전을 잃고 쫓겨났다. 이것이 이스라엘과 팔레스타인 분쟁(이팔 분쟁)의 직접적인 원인이다.

이스라엘은 네 차례의 전쟁에 승리해 영토를 다섯 배 이상 늘렸는데, 이스라엘의 영토가 늘어난 만큼 팔레스타인 사람의 땅은 줄어들었다. 현재 이스라엘 국민의 80퍼센트는 유대인이고 20퍼센트는 팔레스타인 인이다. 이스라엘에서 쫓겨나지 않고 버티며 살고 있는 20퍼센트의 팔레스타인 사람들은 팔레스타인 자치 정부를 수립해 지중해에 접한 가자 지구와 요르단 강 서안 지구에 살고 있다.

하느님이 약속한 가나안 땅(이스라엘과 팔레스타인 지역)을 온전히 그들의 영토로 삼으려는 이스라엘과 팔레스타인에 자신들의 나라를 세우려는 팔레스타인 사람의 싸움은 중동 전쟁이 끝나고도 40년 넘게 이어져 왔다.

독립국인 팔레스타인을 수립하려는 목표로 결성된 팔레스타인 해방 기구(PLO)는 전투와 자살 폭탄 테러, 요인 납치와 암살 등의 테러 활동으로 이스라엘에 맞서왔다. 그러다가 1993년 이스라엘과 평화 조약을 체결했다. 서로의 존재를 인정하는 게 조약의 핵심 내용이었다. 이에 따라 무장 단체만 있고 나라는 없던 팔레스타인 사람들은 1994년 팔레스타인 자치 정부를 수립했다. 그러나 팔레스타인 자치 정부 수립 이후에도 이스라엘은 팔레스타인 거주 지역인 가자 지구를 공격해 이팔 분쟁은 여전히 진행 중에 있다.

오늘날 이스라엘에 저항해 가장 강력하게 싸우고 있는 단체는 팔레스타인의 이슬람 저항 운동 단체인 하마스다. 하마스는 팔레스타인을 대표하는 팔레스타인 해방 기구가 이스라엘과 평화 조약을 맺자 그에 반대해 무장 저항 운동을 더욱 거세게 벌이고 있다. 2000년 이후 하마

∷ 팔레스타인 분리 장벽

스는 정치에 참여해 팔레스타인 자치 정부가 실시한 총선에서 과반수가 넘는 의석을 차지하며 가장 중요한 단체로 자리 잡기도 했다.

현재 팔레스타인 자치 정부는 팔레스타인 해방 기구가 통치하는 요르단 강 서안 지역과 하마스가 통치하는 가자 지구로 나뉘어 있는 상황이다. 이스라엘은 2000년 이후 8m가 넘는 장벽과 철조망을 설치해 가자 지구를 봉쇄했다. 이 때문에 그 지역에 사는 팔레스타인 사람들이 경제적인 고통 속에 살아가고 있다. 가장 최근에 있었던 이스라엘 팔레스타인 분쟁은 2014년 7월 팔레스타인이 이스라엘 소년을 납치해 촉발된 전쟁이다. 골리앗이 된 이스라엘과 다윗 처지가 된 팔레스타인의 싸움은 오늘도 계속되고 있다.